ユーモアの玉手箱

憲法学者のもうひとつの落語人生

駒澤大学名誉教授
西 修
（芸名：またも家楽大）

産經新聞出版

開演のごあいさつ

ユーモアとは何か。ジョーク、ギャグ、ウイット、ダジャレとどう違うのか。それなりに定義があるようですが、ここでは問いません。また問う必要がないと思います。

要は、その場を和やかにする、人を楽しませる、苦しいときでも救いの糧《かて》になる、その総体がユーモアである、私はそんなふうに考えます。

古今東西、ユーモア（笑い）の大切さを指摘した多くの言葉があります。私のメモからいくつかを引きます。

・微笑《ほほえ》めば友達ができる。しかめっ面をすればシワができる（英国の女性作家、ジョージ・エリオット〈1819～80年〉）。

・もっとも無駄な日、それは笑わなかった日である（フランスの劇作家、セバスチャン・シャンフォール〈1740～94年〉）。
・幸せだから笑うのではない、笑うから幸せなのだ（フランスの哲学者、エミール＝オーギュスト・シャルティエ、ペンネームはアラン〈1868～1951年〉、米国の哲学者、ウィリアム・ジェームズ〈1842～1910年〉との説も）。
・歳《とし》をとるから笑わなくなるのではない。笑わないから歳をとるのだ（西洋の格言）。
・ユーモアは最強の武器である。すべてはユーモアが解決する（ジェニファー・アーカー〈米国スタンフォード・ビジネス・スクール教授、行動心理学〉／ナオミ・バグドナス〈同校講師、行動科学〉著、神崎朗子訳『ユーモアは最強の武器である』東洋経済新報社、2022年）。
・温かい笑顔は伝染するのです（トム・シャドヤック）米国映画『パッチ・アダムス　トゥルー・ストーリー』（『わたしたちの名言集　Best100　第2巻』ディスカバー・トゥエンティワン、2000年）。
・ユーモア、ウイット、ジョークの能力が私たちにもたらすものは、笑いだけではない。生きていくうえで不可欠な潤滑油……（作家、阿刀田高『ユーモア革命』（文春新書、2001年）。
・ユーモアには、心に小さな灯がともるようなやさしさを残してくれるものがあります。人がつねに幸福の絶頂にあるのであれば、ユーモアに力を借りなくとも生きていけるでしょう。けれども、苦しみや悲しみの多い人生を生きていくには、ユーモアは欠かせないと私は思います（聖路加国際病院名誉院長、日野原重明〈1911〜2017年〉『2023年生き方上手手帳』ハルメク）。

私の専門は憲法学です。その面からずいぶん多くの著書・論稿を発表してきました。たとえば、一般書として『証言でつづる日本国憲法の成立経緯』（海竜社、2019年）、『憲法の正論』（産経新聞出版、2019年）、『吾輩は後期高齢者の日本国憲法である』（産経新聞出版、2022年）、『憲法一代記』（育鵬社、2024年）などなど。

その一方で、私にはしろうと落語家としての顔があります。高座に上がり、落語を演じてきました。私と落語との関係については後述しますが、ジョーク、ギャグの類《たぐい》を約20年間、断続的にメモ用紙に書きとめてきました。そのメモはバインダーに収めて約250枚になります。これらのメモをそのまま眠らせておくのは、非常に惜しい気がしました。

メモ書きのきっかけは、約20年前、スポーツ・ジムに行ったおりのことです。駐車場で整理をしていたおじさん二人と以下の話をしました。「この間、ひじの曲がり角が痛かったので、医者にここへ注射をしてほしいと頼んだところ、断られました。なーんでか？　それはね、曲がり角は注射（駐車）禁止だから」。ギター漫談家の堺すすむ氏の受け売りだったと思いますが、大受けしました。

それ以来、ジムには週に1、2度通いましたが、連続物がいいと思って、本文に収めた日本一周ドライブ旅行、山手線一周、世界の旅、いろはカルタ・ことわざ、変換ミス、干支《えと》＋アルファ動物、果物、花だより、身体の部位などを作成、小出しにして伝えました。短時間の会話ですが、おじさんたちはおおいに喜んでくれました。それに気をよくして、その後も思いついたものをメモにしてきました。古くなったネタを整理し、新しいネタをつけ加えました。右脳左脳を右往左往《うおうさ》させながら考えたしだいです。『ユーモアの玉手箱』からどんなジョーク、ギャグ、ウイット、ダジャレが飛び出すやら。

また私が高座にかけてきた落語のいくつかは、アレンジ落語です。おなじ噺《はなし》をプロとおなじように演じていては勝てっこありません。筋をあまり変えないで、自作のつもりで演じてきました。本書にアレンジ落語（冥途《めいど》体験、かえる憲法、虎のアレ、五度狐、源平盛衰記）をはさみました。

楽しんでいただけるのではないかと思っています。

なお、メモは不完全で、本書に使用したユーモアのたぐいの引用元をはっきりさせる必要があったかもしれません。どうかご海容《かいよう》のほどお願いいたします。

もくじ

私は34歳or17歳⁉

自己紹介を兼ねて昨今の私をお伝えします。

・80歳のことを傘寿《さんじゅ》といいます。だから私は34歳です。まだ青年です。若者です。ある日、ビルへ入るのに石段がありました。「俺は若いんだ」と自分に言い聞かせ、手すりをもたずにトン、トン、トン、トンと駆け上がったところ、途中で大きくつまずきました。「やはり老いているんだ」とショックを受けました。こんなのをオイル・ショックというようで。

・猫の17歳は、人間の84歳になるのだとか。であれば私は17歳⁉

・私が中学生だった14歳、好きな女性《ひと》ができました。これが初恋か、これから恋の季節が始まるのかと思うと、おもわず口ずさみました。「♫～恋はー、私の恋は、…恋の季節よ」。それから70年、いま口ずさむのは、「♫～老いはー、私の老いは、…老いの季節よ」。14歳、動悸がしました。恋の始まりかと思いました。

それから70年、動悸がしました。始まったのは不整脈でした。

14歳　片思いだったけれども、恋に落ちました。

それから70年、泳いでいる鯉《こい》を見つけ、もう少し近づいて見ようとして土手《どて》をくだったら、足がもつれ、川に落ちました。あー、何たる違い！

14歳　繊細でした。心がもろく、ポキッと心が折れそうでした。

それから70年、ずぶとくなりましたが、ポキッと骨が折れそうです。

いまの10代は、ユーチューブにがんじがらめ。

80代、鼻から喉《のど》へ通す気管チューブにがんじがらめ。

14歳　エネルギーにあふれ、家の中をかけずりまわっていました。

それから70年、もうエネルギーはありません。家の中をはいずりまわっています。
・スポーツ・ジムでスタッフの人たちの名前を自己流の5、7、5にしてプレゼントしてきています。そのうちのいくつかを披露します。みなさんも、親しい人の名前を5、7、5にしてプレゼントなさることを考えたらいかがでしょうか。結構、頭の体操になりますよ。
ほのかさんへ　ほんとだよ　のぎくのような　かれん（可憐）さは

たかおくんへ　たかいゆめ　かかげてぼくは　おいかける
よしこさんへ　よきともと　しっかりまえへ　こぎだそう
ひとみさんへ　ひとめぼれ　ともだちになって　みてみたい
のりおくんへ　のりのりだ　りんきおうへん（臨機応変）　おわりなし
アキさんへ（＊体操のインストラクターだったアキさんへ二つを入れてプレゼント）
アキさんは　でっかいゆめを　アキらめぬ
アキさんは　春夏冬だ　アキ知らず
アキふかし　アキさんなにを　するひとぞ
アキふかし　アキさんおいも　たべるひと
アキさんに　へたなジョークを　アキれられ
桂右團治（かつら　うだんじ）さんへ
かくごして　つきあいつづく　らくごかな
うだんじは　だんとつうまい　じまんだよ
そして私（にし　おさむ）

おとなしく　さいこうレベル　むくちです（＊だれにも信じてもらえない）
にしさんは　おさないまんま　むじゃきです（＊うなずく人が多そう。いくつになっても無邪気
であることが大切と思うのだが）
おおすごい　さすがはにしだ　むてき（無敵）だな（＊信じてもらえるようにがんばらなきゃ）

私と落語

芸名は股茂家楽大

私が落語と本格的に向き合った最初は、日米安保闘争の真っただなかの1960（昭和35）年4月に早稲田大学へ入学してすぐのことです。早稲田大学は安保反対の拠点校だったので、連日デモ隊が大隈《おおくま》銅像を一回りしたのち、大蛇《だいじゃ》のごとく長い列が「安保反対！」「憲法を守れ！」「岸を倒せ！」（注・日米安保条約の改定を推進したのは、岸信介首相）などのシュプレヒコールを叫んで国会へと向かって行きました。

＊　日米安保闘争　1960年6月23日に施行された日米安保条約（正規には『日本国とアメリカ合衆国との間の安全保障条約』）をめぐり、同条約の締結は、米国の戦争に日本がまきこまれるなどの理由から、大きな反対闘争へ発展した。

そんななか、大隈銅像の傍《かたわ》らに着流し姿で客引きをしている集団が目にとまりました。幟《のぼり》には『落語研究会』（通称：落研《らっけん》）とあります。落語ファンの身として、さっそく入会手続きをしました。一般に各大学の落語研究会はオチケンと称せられていますが、「早稲田大学と東京大学では、ラッケンと呼ぶのだ」と先輩に教わりました。

富山から上京して入学手続きを終えた直後だったと思います が、ナマの落語を聴くべく新宿末廣亭に足を運びました。昼席が始まる正午頃に入場、あまりもの面白さに夜席の終わる午後9時過ぎまで居続けました。落語のとりこになった記念すべき1日となりました。

稽古場《けいこば》は、近くのソバ屋の2階。私に与えられた芸名は、股茂家楽大《またもやらくだい》。「この名前は、今年卒業した先輩がつけていたものだ。代々、受け継がれてきている名前を汚《けが》さないように」と言われましたが、すでに汚れているように感じました。先輩の命令は絶対、4年間はこの芸名で通しました。後日、またも家楽大に改名しました。私の落語を聴くと楽しい、二度、三度、聴けば聴くほど楽しくなる、またもや楽しみが大になるとの意味が込められています。はたして通じたかどうかは、聴いた人のみが感じるところ。

懸命に稽古を重ねていくつかの噺を披露しました。その結果、先輩から許された噺はただ一つ、とても長い子どもの名前を題材にした寿限無《じゅげむ》のみ。「お前は、富山なまりがひどすぎる。寿限無でも富山なまりは出るが、それは目をつむることにしよう」。

七代目・立川談志、五代目・三遊亭圓楽師匠に教わる

そのソバ家の2階へしょっちゅう来て教えてくれたのは、二つ目の柳家こゑんさんと三遊亭全生《ぜんしょう》さん。こゑんさんの口ぐせは「師匠（五代目・柳家小さん―のちに人間国宝）からまた破門された。これで〇〇回目だ」というものでした。

「私がお相撲さんのところへ行けば大歓迎され、火事場へ行けば張り倒される」が全生さんのウリ。私たちが主催した『わせだ寄席』で前座をつとめたのが、古今亭朝太《ちょうた》さん。「えー、私も最近は人気が出てきまして、どこへ行っても朝太（長蛇）の列」というマクラを振っていました。

これら3人の二つ目が、それぞれ七代目・立川談志（1936～2011年）、五代目・三遊亭圓楽（1933～2009年）、三代目・古今亭志ん朝（1938～2001年）という昭和後半から平成の落語界を代表する三羽烏になりましたが、やはり二つ目時代から群を抜いていました。

三代目・古今亭志ん朝　五代目・三遊亭圓楽　七代目・立川談志
（3点とも写真提供＝産経新聞社）

私は、２０１０（平成22）年12月、立川談志師匠がよみうりホールで演じた最後の『芝浜』を拝聴しました。体調が完全ではなかったものの、その至芸に感動し、終わってもしばらく席を立つことができませんでした。談志師匠がこの世を去ったのは、それから約１年後の２０１１年11月のことです。なお、この『芝浜』は、五代目・三遊亭圓楽師匠が生前、最後に語った演目です。不思議な縁があるものですね。

芝浜　酒飲みの勝五郎が久しぶりに河岸《かし》へ出かけ、波打ち際で煙草《たばこ》を吸っていると、海浜《かいひん》に何かが落ちている。ひもをたぐると、汚い革財布《かわざいふ》が出てきた。中を見ると小判《こばん》が入っていたので、急いで家へ帰って数えたら信じられない大金《たいきん》（落語家によって金額に差があるが、現在の数百万円相当）。友だちを何人も家へ呼び、てんぷらやうなぎなどを注文し、飲めや歌えの大騒ぎ。翌日、妻から勘定《かんじょう》をどうするのかと問われた勝つぁん、昨日の金で払えばいいだろうと答えた。「お前さん夢を見たのかい。そんなお金なんかないよ。情けないね」と嘆かれた。「エッ！　俺は夢を見ていたのか。そういえば、昔から本当のような夢をよく見ていたからな」とすなおに受け入れる。

さすがに目が覚めた勝五郎、それからというもの、酒を断ち、一生懸命に働き、3年後には表通りに店をかまえ、奉公人を2、3人おくようになった。

3年目の大晦日《おおみそか》、女房から見せたいものがあると告げられ、革財布とそのままのお金が出された。このままでは亭主がだめになると思い、大家さんに相談してお上《かみ》に預けてあったのが、期日が過ぎたので下げ渡されたのだという。「お前さんに嘘をついていてごめんね。今晩は私のお酌《しゃく》で飲んでおくれ」「いや、お前のおかげで立ち直れたのだ。こちらから礼をいわなくっちゃならねえ。えー、いいのかい？　いやー、ありがてえな。お前につがれるのは何年ぶりかな。おっとっと、それでいい。本当にいいんだな。（口を盃にもっていって、しばし考え）……やっぱりやめとこう。また夢になるといけねえから」。

全生さんは「星の王子さま」で売り出す前だったので、時間的余裕があり、私たちと何度か雀卓《じゃんたく》を囲んだことがあります。ある日、たまたま池袋まで一緒したときに、何か小噺《こばなし》を教えてほしいと頼んだところ、車中で『味噌豆《みそまめ》』を教わりました。

味噌豆　小僧の定吉《さだきち》が料理に味噌豆をこしらえて、つまみ食いをしていたところ、主人に見つかり、使いに出される。定吉がいなくなったのを見届けて、主人が小皿に盛って試食。定吉に見つからないように憚《はばか》り（トイレ）へ。そこへ定吉が戻ってきて、主人がいないのに気づき、見つからないようにおなじく小皿に入れて憚りへ。定吉が戸を開けたら、主人と鉢合わせ。主人が驚いて「お前、なんでここへ来たのだ！」と詰問《きつもん》すると、主人の小皿が空《から》になっているのを見た定吉が「へえ、お替わりをもってまいりました」。

落研の地方巡業に二度、参加しました。山陰地方への巡業時、お定まりの寿限無を演じたとこ

それを客席で見守る母

大学３年生時、富山のヘルスセンターで落語を演じる

ろ、老人ホームでおばあちゃんのファンができました。「いまの噺は非常に面白いし、頭の体操になるので、長い名前を全部書いてほしい」。私が喜んで応じたことは、いうまでもありません。

もう一度は、３年生のときです。私は、早稲田大学富山県学生会幹事長の職にありました。そこで富山県在住の早稲田大学出身者などの後援を得て、ヘルスセンターと老人ホームで口演。物珍しさもあって、地元のテレビ局で放映されました。

そのときのパンフレットで、私は以下のように紹介されています。「ちょいと見るとぼんやりしているが、中々しっかりしたもので、今回の公演に奔走《ほんそう》してくれた。とにかくやると思えば、どこまでもやる男である」。

21歳のときの落語評

2年生のときには、早稲田大学富山県学生会発行（1961年）の『縣人』に股茂家楽大の名で「落語礼賛」という文を寄稿しています（演目の説明、何代目、生没年など若干の補足をした）。

女性と話をしているとたいがい趣味のことを聞かれる。

「そうですね。僕の趣味は落語です」。

「まあ、落語……オホ、、、」てな具合に一笑に付されてしまう。

しかし笑う勿れ。落語とて立派な芸術ですぞ。去年は六代目・三遊亭圓生師（1900～79年）の至芸『首提灯《くびちょうちん》』が、芸術祭文部大臣賞受賞の栄冠をかち得ている。あの扇一本舌一枚（二枚ではない）で、全てを表すものが芸術でなくして何であろう。

首提灯　江戸っ子の酔っ払いが、武士に毒づく。がまんできなくなった武士が酔っ払いの首を居合抜きではねる。切られたのに気づかない酔っ払いが歩き出すと、だんだん首が傾いてくる。火事が発生し、大勢の見物客と一緒に走り出すと、首が落っこちそうになる。そこで自分の首を持ち上げて、「はい、ごめんよ、はい、ごめんよ」と言ってかけだして行く。私は圓生師匠の首提灯をナマで見たが、何ともいえぬ滑稽さがあった。

即ち音楽も装飾も背景もつかわないで、人物や性格や情景を生き生きと描き得るものが、落語を除いて外に何があるだろうと言いたいのである。（中略）

『それ、はなし一がおち二が弁舌三がしかた』（元禄七年『正直咄《しょうじきばなし》大鑑《おおかがみ》』）という言葉があるように、十七世紀以来、常に一般大衆と直結しながらみがきにみがき、ねりにねった高度な演出技術が圧倒的な強みをもって他の芸術をしのいでいるからであろう。

この演出技術は見ていれば十分理解出来るのだが、ラジオの声だけでも話術の描写力は立派に分るのである。

例えば、桂文楽師（後述）の『締め込み』という話の中で、泥棒が縁の下へ逃げ込んだ時「くさいぬかみその匂いだなあ。こ、のおかみさんが無精だから掻回さないんだ」。この一言でその長屋の生活が如実に分るような気がするではないか。

締め込み　泥棒が空《あ》き巣《す》に入る。やかんに湯がたぎっていたので、早く仕事を終えようとして、タンスのなかに入っていた男物、女物の着物を手早く風呂敷に包みこむ。逃げだそうとするときに亭主が帰ってきたため、あわてて台所の揚げ板の下にかくれる。風呂敷の中を見た亭主、女房が他の男といっしょに逃げだそうとしているのではないかと疑う。帰宅した女房と夫婦げんかになり、亭主がやかんを投げつける。その熱湯が揚げ板の下にこぼれたので、泥棒が飛び出してくる。一部始終を理解した夫婦が、夫婦別れにならなかったことを泥棒に感謝。亭主と酒を酌み交わし、そのうちに泥棒が寝込んでしまう。亭主「泥棒が入るといけねえから、戸締まりをしっかりしろよ」。女房「あら、泥棒ならうちにいるわよ」。亭主「外に出て、表から心張《しんば》り棒（戸締まりなどのために戸を押さえるつっかい棒）をして、泥棒を中に締め込んでおけ」。

八代目・林家正蔵師（のちに林家彦六、1895〜1982年）の『中村仲蔵』でも、失意、江戸を去ろうとする役者の仲蔵が、日本橋を通りかかって意外な自分の舞台の好評を聴いて、立ちすくむ一節は、広重（歌川広重《ひろしげ》、江戸時代の浮世絵師、１７９７〜１８５８年）や清親（小林清親《きよちか》、明治時代の浮世絵師、１８４７〜１９１５年）の版画に見るようなうすら寒い日本橋の夜景をマザマザと感じさせるではないか。

中村仲蔵　苦労の末に名題《なだい》役者（歌舞伎の位《くらい》で幹部級の役者）になった中村仲蔵《なかぞう》、『忠臣蔵』五段目の定九郎《さだくろう》役に任じられた。従来の格好《かっこう》ではおかしいと考えた仲蔵が独自の扮装をして舞台にあがり、見栄を切った。客はあまりの出来の良さに口をあんぐり。歓声がなくしくじったと思った仲蔵は、江戸を去ろうとしたが、日本橋で客が仲蔵を賞賛する言葉を聞き、立ち止まった。師匠の中村伝九郎によばれ、その工夫を褒《ほ》められたばかりか、多くの観客が仲蔵の出番を待ちわびている様子を聞かされる。その後、精進《しょうじん》して後世に名を残す役者になった。

まだ例を挙げよう。『穴泥』という話の中で、ほんの出来心で年の瀬に商家へ盗みに入り、まだ何も取らぬうちにその場へ出ていた残りの酒に酔払い、たまたまそこへヨチヨチ出てきた赤ん坊をあやして、台所の揚げ板を踏みはずし、縁の下の穴の中へ落ちてしまう。この涙ぐましいほど善良な泥棒よ。

穴泥　大晦日《おおみそか》に三両の工面《くめん》ができない男、女房に「豆腐の角に頭をぶつけて死んじゃいな」と毒つかれ、家を飛び出す。行く当てもなくふらふら歩いていたら、ある商家の玄関が開いたままで鍵《かぎ》をかけ忘れていることを知る。そのことを知らせようと商家にあがりこむ。宴会が終わったばかりとみえ、残っていた酒や料理をぱくついていると、子どもが出てくる。子煩悩《こぼんのう》な性格《たち》の男が子どもをあやしていて、誤って穴倉《あなぐら》（地中に穴を掘って物を収納する倉庫）に落ちてしまう。その音に気づき、大騒ぎ。旦那《だんな》が屈強な頭《かしら》に下へ降りるように頼むが、男の啖呵《たんか》に怖《お》じ気づく。旦那が一両やるからと言っても、男は承知しない。二両でもだめ。旦那が三両やると言ったら、男「なに、三両？　だったらこちらからあがっていく」。

いのちを助けられた子狸が、賽ころに化けて恩を返す『狸賽《たぬさい》』（概要は、後述の干支＋アルファ動物、137頁）という話の中で「助けられたことを親に話したら、すぐ恩返しに行ってこいと申しました。恩を受けて忘れると人間のようだからって」というギャグの秀抜さよ。一々例を挙げてたら際限がないので止めるが、とに角、このような特殊の味のある「小芸」が日本以外のどこの国にあるだろう。（中略）

我々はもう一度じっくりこれらの伝統ある芸術（歌舞伎、能・狂言、落語）について考察してみる必要があるのではなかろうか。少なくとも私は健全な大衆娯楽としての「落語」をこれからも愛していくつもりである。

浮世絵が日本独自の芸術なら、この落語も日本人ひとりひとりがもつ優れた市井《しせい》芸術であると誇ったとて、あながち我田引水《がでんいんすい》と笑われなくてすむであろう。

以上がほぼ全文です。

21歳のとき、いっぱしの落語評論家気取りでやや突っ張り気味に記しているのは、滑稽な感じがします。

八代目・桂文楽師匠のおはこを間近で聴く

在籍していた落研の特典のひとつは、当代一流の落語家を近くのお寺へ招き、まさに手の届く距離で落語を聴き、終わってから演者と雑談をすることができた点です。

なかでも八代目・桂文楽師匠（1892〜1971年）と七代目・橘家圓蔵師匠（1902〜80年）は強く印象に残っています。文楽師匠は、十八番《おはこ》の『船徳《ふなとく》』を演じてくださった。一般の落語ファンにとっては、垂涎物《すいぜんもの》といえるのではないでしょうか。徳三郎が船をこぐつたない仕草、不安な客の狼狽《ろうばい》ぶりがほんの目の前で演じられていることを現実のものとは思われませんでした。雑談に入って「よかちょろ」や「べけんや」など師匠特有の言葉が発せられ、大笑いしたものです。

船徳　道楽の末に勘当《かんどう》されて出入りの船宿《ふなやど》に居候《いそうろう》となっている徳三郎が、船頭《せんどう》になると言い出した。船宿の常連が友だちを連れてきて、徳三郎が舟を出すことになった。なにぶんにも慣れないので、おなじところをぐるぐる回ったり、大揺れに揺れたりで目標のところへなかなか着けない。浅瀬に乗り上げてしまいお客に歩いて上陸してもらったが、徳三郎は背後から力のない声で客人に頼んだ。「お客さん、陸《おか》にあがったら、船頭を一人、雇ってください」。

文楽師匠の芸風は、寸分違《たが》わぬ筋運びと完璧主義者だったという点にあると思われます。たとえば15分ものの噺ならば、マクラからオチまでぴったり15分で収められました。そんなにおなじならば一度聴けば十分だろうと思われるかもしれませんが、いつでも笑わせてしまう芸の術があったのです。

1971(昭和46)年8月、三遊亭圓朝作『大仏餅《だいぶつもち》』の登場人物の名前を忘れて「もう一度勉強し直してまいります」と言って、二度と高座に上がることはありませんでした。

大仏餅　(マクラの部分のみ)あるとき、奈良の大仏の目が大きな音を立てて、腹の中へ落ちてしまった。みんなが思案していると、一人の男がやって来て、修繕を請け負った。空洞《くうどう》の目から腹へ下り、目を拾って張りつけた。どこから出てくるのだろうと思っていたら、鼻から出てきた。利口な人は、目から鼻に抜ける……。

七代目・橘家圓蔵師匠（1902～80年）が話された吉原の幇間《ほうかん》時代の話は興味津々《しんしん》でした。幇間とは「男芸者」とか「太鼓《たいこ》持ち」ともいわれ、酒席において、客の機嫌をとるためにみずからの芸を披露したり、芸者衆とのあいだをとりもったりする職業をいいます。その別世界の経験談を聴くことは、貴重な経験でした。圓蔵師匠の噺は飄々《ひょうひょう》としていて、高座で独特の雰囲気をかもし出していました。

ここで早稲田大学落語研究会について、若干の説明をお許しください。同研究会は、敗戦直後の1948（昭和23）年に創設された日本の大学でもっとも古い落語研究会です。創部には後年、俳優・俳人・漫談師など多彩な活躍をした小沢昭一氏（1929～2012年）、何本もの映画に出演した俳優の加藤武氏（1929～2015年）、劇作家・脚本家として名を残した大西信行氏（1929～2016年）らがかかわりました。私の現役時代、会長には近世文学なかんずく井原西鶴《さいかく》研究の権威、暉峻康隆《てるおかやすたか》先生（1908～2001年）、そして近世文学なかんずく滑《こっ》稽本《けいぼん》の研究者として著名な興津要《おきつかなめ》先生（Ｉ９２４〜99年）が就任されていました。

現在は、毎年1回、先輩から現役生まで参加する落穂《おちぼ》会で縦の絆《きずな》を深めています。

西ゼミOB・OG会そして駒沢落語会のこと

落研を卒業後、早稲田大学大学院政治学研究科修士課程（憲法専修）↓同博士課程↓防衛大学校人文科学教室専任講師・同大学校助教授（１９７０年４月〜74年３月）↓駒澤大学法学部助教授（74年４月〜80年３月）↓同学部教授（80年４月）と研究畑を歩き、そちらの方に注力しなければならず、落語の実演からしばらく遠ざかっていました。

ふたたび距離が縮まったのは、１９９０年代、50歳になってからのことです。毎年おこなわれるようになった西ゼミＯＢ・ＯＧ会（会長は2期生の横手逸男氏）で、現・元ゼミ生に向けて落語を演じました。かれらの笑いに満ちた顔、和やかな雰囲気はいまでも記憶のなかにくっきりと残っています。

一般の人たちを対象にして本格的に取り組んだのは50歳代後半、十代目・桂文治《かつらぶんじ》師匠（１９２４〜２００４年）の弟子で二つ目・桂小文《こふみ》さんの独演会の前座に出演してからのことです。

前座デビューは、早稲田大学の大隈庭園のなかに建てられている、定員20人ほどの完之《かんし》荘《そう》においてです。小文の会のメンバーだった大学院の後輩に声をかけられ応諾、一生懸命に稽古しました。小文さんは、早稲田大学法学部出身。学部時代は民法ゼミに所属し、司法試験をめざして一心不乱、勉学に励んでいました。

そんなある日、落語と出会い、一生を託すべく文治師匠に入門。法学から落語へと転向、まさに方角転向をしたわけです。精進《しょうじん》が実り、落語芸術協会初の女性真打《しんうち》になりました（桂右《う》團治《だんじ》と改名）。それとともに私自身の師匠となり、噺を高座にかける際に指導していただきました。右團治師匠の向学心は衰えることなく、2024（令和6）年3月には、学習院大学大学院人文科学研究科日本語日本文学専攻を修了しました。修士論文の題目は「明治期落語資料の語彙の研究―三遊亭圓朝作品の中の漢語の研究」という高尚なものです。

桂右團治

駒澤大学が購入した三越迎賓館には和室の大広間があり、舞台まで備わっていました。ここで落語会を開くことができないかと右團治師匠に相談したら、やりましょうと応えていただき、とんとん拍子に話が進み、駒澤大学だけでなく、世田谷区、地域の商店会や町内会の支援を受け、2001（平成13）年12月、第1回駒沢落語会が開催されました。

当時のネタ帳を見ると、出演者と演目は、つぎの通り。笑福亭里光『犬の目』、桂笑生（現在の桂文雀）『時そば』、またも家楽大『火焰憲法《かえん》』、桂右團治『妾馬《めかうま》』、桧山うめ吉『俗曲』、桂竹丸『西郷伝説』。私以外はすべてプロ。プログラムで、私は以下のように紹介されています。「憲法学者としての西修氏のほうが世間で有名であるが、桂右團治の一番弟子である。また祝いの席では『ラッキー亭カムカム』を自称し70歳から落語界にデビューしようというマルチ仕事師。駒澤大学教授。政治学博士」。

さいわい、有料であったにもかかわらず、大入り満員で、客席確保のため、第2回目以降最終回の第10回までは本校の記念講堂で実施されました。また駒澤大学同窓会や地域の商店会からの寄付により、無料となりました。第2回以降のネタ帳をめくると（以下、出演順、当時の芸名）、雷門花助、三遊亭遊馬、三遊亭貴楽、桂前助、桂文治、三笑亭春夢、桂壱之輔、桂春之輔、、三遊亭歌る多、瀧川鯉朝、笑福亭鶴光、桂ち太郎、三笑亭夢之助、柳亭こみち、柳家甚語楼、柳家権太楼、林家扇（このうち貴楽、竹丸、遊馬および文雀の各師は駒澤大学出身、また林家扇さんは落語家を廃業し、一丸《いちまる》さくらに改名、舞台俳優として活躍）の落語家のほかに、柳家小菊（俗曲）、神田紅（講談）、三増紋之助および三増れ紋（江戸曲独楽《きょくごま》）、江戸家まねき猫（動物ものまね）、林家二楽（紙切り）、マギー隆司および和田奈月（マジック）といった人たちの名前が見られます。

いずれもプロですから、印象深いシーンがいくつも頭に残っていますが、とりわけ柳家権太楼師匠の『笠碁《かさご》』が印象的でした。

「碁敵《ごがたき》は憎さも憎しなつかしし」と川柳にうたわれているように、「負けると憎い」。かといって、何日も碁敵と碁を打たないと待ちきれない。ある日、「きょうは待ったなし」にしようと約束して始めたが、夢中になり、そんなことは忘れ、「この手は待ってくれ」「いや待てない」で大喧嘩して別れてしまう。雨が降り続き、二人とも碁を打ちたくて仕方がない。待ちきれずに菅笠《すげがさ》をかぶって相手の家の前まで行ったが、入りづらい。それを見た主人が大喜び。けれども来たかと思ったら通り過ぎる。また戻って来て、やはり通りすぎる。行ったり来たりのようすを、首を振り振り目で追う。その首の振りにつられ、私もいっしょに首を振っていました。その芸のみごとさに圧倒されました。噺の続きは、主人が相手に見えるように碁盤を店先に出して、「やい、へボ！」と声をかける。「何がヘボだ！　ヘボかどうか打ってみようじゃないか」「おう、打たなくってよ！」と盤に向かう。しかし、打ち出すと、盤の上にしずくがポタリポタリ。「おかしいな。雨漏りがするはずないし……あ、菅笠を取りなせえ」。

名誉真打に

私自身は、8回出演しています。第2回以降に披露した演目は『動物園』、『親の顔』、『五度狐』、『源平盛衰記』、『天狗裁き』、『道灌』、『子はかすがい』。最終回の『子はかすがい』で名誉真打の称号を授与されました。

子はかすがい　「かすがい」とは、木材と木材をつなぎとめるコの字型の大きな釘《くぎ》の一種で、頭を金づちで打ちつけ、木材が離れないようにする道具。

飲んだくれの熊五郎が吉原の女郎《じょろう》を連れて帰り、女房と子どもを追い出した。ところが、この女郎は家事いっさいができず、家を出て行く。心をいれかえた熊五郎、その後、一生懸命に働く。ある日、偶然に子どもの亀坊《かめぼう》と会い、母親が針仕事をして子どもを学校へ通わせているのを知る。亀坊に小遣いを渡してその日は別れる。亀坊がお金をもっていることを知った母親は、どこかから盗んできたと思い、問い詰める。「白状しないとこの金づちでお前の頭をたたき割るよ！」。事情を知った母親が翌日、熊五郎と再会、復縁をはたす。「子は夫婦のかすがいっていうけれど、本当ですね」と母親が熊五郎に向かってしみじみ語ると亀坊、「エッツ、おいらかすがい？　だからおっかさんが昨日、おいらの頭を金づちでぶつと言ったんだ」。

駒沢落語会のテーマは「絆《きずな》」。親子の絆、家族の絆、地域の絆、なかんずく大学・行政（世田谷区）・町内会との絆が深まることを目標としました。私は、前記の『子はかすがい』で次のような亀坊と父親との会話を入れました。「お父ちゃんね、この間、先生がこんなことを言ってたよ。絆って、糸へんに半の字を添えるんだってね。長ーい糸を半分ずつ持って、そこできずなが

右はともに花束を抱える妻・正子

孫娘２人から花束をもらう。見守る西ゼミOB・OG会会長・横手逸男氏

できるんだって」。「いいことを言うな。そのとおりだ。親子のきずなを長く、深くしていかなきゃなんねえ」。

駒沢落語会の評判はうなぎ昇りに高くなり、第7回と最終回には1200人収容の記念講堂に入りきらず、隣接するスクリーン教場を開放するという嬉しい悲鳴をあげたこともありました。

最終回（2010年12月）のプログラムには、私について、こんな紹介がされています。「駒沢落語会実行委員長。桂右團治師匠の一番弟子を自任。今回が大一番」。

私がプロデュースしたとはいえ、多くの人たちに支えられて、成功裏に終了することができました。このことは、一生の宝物となりました。

そして、定年退職を控えた翌11年2月19日、「最終講義&最終落語」をおこないました。私一人の出演であったにもかかわらず、記念講堂の1階が満席になるほど多くの方々が集まってくださいました。いくつもの花束をいただき、大きな幸福感につつまれました。それと同時に応援していただいたみなさまに感謝の気持ちがこみあげてきました。

駒沢落語会に当初から観客として奥様ともども毎回、参加し、励ましていただいたのが憲法学者として名高い川添利幸先生です（中央大学学長、第二代比較憲法学会理事長など歴任）。私が定年退職時に発行した冊子『出会い、学び合い、そして人間愛　西　修先生の古希を記念して』（西ゼミOB・OG会、2011年2月）には、「大学の教授が、講義の話術の参考にするために、落語を聴きにいくことは、よく聞く話だが、自ら一席演ずるとは、驚いた。（中略）彼の二足目の草鞋《わらじ》も生半可なものではない」。

英語落語に挑戦

駒澤大学は、オーストラリアのクイーンズランド大学と交流協定を結びました。すなわち、夏休みの期間を利用して駒澤大学生がクイーンズランド大学で英語を、クイーンズランド大学生が駒澤大学で日本語を学ぶことになったのです。

クイーンズランド大学生の時間割に英語落語が組み入れられました。担当者は私です。英語落語への挑戦が余儀なくされました。そこで上方落語界の爆笑王、二代目・桂枝雀《しじゃく》師匠（1939～99年）の英語版『動物園』と『時うどん』を参考にして練習し、口演しました（『時うどん』を『時そば』に改題）。身振り手振りをおおげさにして演じたこともあって、バカ受けでした。

時そば（Time noodles）

In the old days, the price of soba was sixteen yen.

A man ate soba and paid money, saying "I have only small changes. Please open your palms, Are you ready? One yen, two yen, three yen, four yen, five yen, six yen, seven yen, eight yen, what time is it now ?"

Soba vendor replied. "It's nine."

A man continued "Ten, eleven, twelve, thirteen, fourteen, fifteen, and sixteen yen.

OK?”

Soba vendor said, “Thank you very much.”

A stupid man watched this scene and understood that person skipped one yen. He tried it the next day earlier than yesterday, saying “I have only small changes. Please open your palms. Are you ready? One yen, two yen, three yen, four yen, five yen, six yen, seven yen, eight yen, What time is it now?”

Soba vendor replied. “It’s four.”

The stupid man continued. “Five yen, six yen, seven yen, eight yen……”

【日本語】

昔、そばの値段は16円でした。

ある男がそばを食べ、つぎのように言いながら、お金を払いました。「あいにく小銭《こぜに》しか持ってないんだ。手のひらを広げて、いいかい。1円、2円、3円、4円、5円、6円、7円、8円、いま何時《なんどき》だい」。

そば屋が答えました。「9時です」。

その男は、続けました。「10、11、12、13、14、15、そして16円と。いいね」。

そば屋は「どうもありがとうございました」と礼を言いました。

ある愚かな男がこの場面を見ていて、あの男が1円飛ばして勘定したことを理解しました。そこで翌日、昨日よりも早く、おなじことを試みました。「あいにく小銭しか持ってないいんだ。手のひらを広げて、いいかい。1円、2円、3円、4円、5円、6円、7円、8円、いま何時だい」。

そば屋が答えました。「4時です」。

愚かな男が続けました。「5円、6円、7円、8円……」。

いくつかの落語会で修行

私が落語を演じることは、世間の一定の範囲で知られるようになりました。櫻井よしこ氏が理事長をつとめる国家基本問題研究所役員会の忘年会で何度かうかがったことがあります。

また日本アイ・ビー・エム社がスポンサーとなって、毎年開かれていた天城《あまぎ》会議でも2度、演じました。この天城会議は、日銀総裁、検事総長、元外務大臣、元文部大臣、内閣官房参与、東京三菱銀行頭取、アサヒビール会長、野村証券会長、関西経済同友会代表幹事、津田塾大学学長、首都東京大学学長、元慶応義塾大学学長など、官界、産業界および学界を代表する異業種の人たちで組織され、毎年一つのテーマで議論します。

私は、憲法改正論議をテーマにした会議で東京大学教授の北岡伸一氏とともに招かれ、それを機縁にメンバーとなりました。その晩の懇親会の席上で『火焔憲法』を披露。夕方までおこなわれていた憲法論議とマッチしたので、多くの笑いと拍手が起こりました。後日、『子はかすがい』を演じたところ、「胸がジーンとした」「涙が込み上げてきた」などの感想が寄せられました。

注　『火焔憲法』は、五代目・古今亭志ん生師匠（1890〜1973年）が得意にしていた『火焔太鼓』をアレンジしたもの。「おまえは護憲派か」と言われ、その後『かえる憲法』と改題。改題した落語は、後述します。（73頁）

2011（平成23）年10月には、早稲田大学の学園祭・早稲田祭にも参加しました。大隈小講堂でおこなわれ、そのときのトリが古今亭菊太楼師匠（同大学商学部中退）でした。

もう一つ。大学の定年を待っていたように、地元の自治会から出演依頼がありました。日頃お世話になっている地元に私の特技が役に立つのは本望と喜んで引き受けました。与えられた時間は30分。私の通常の落語は20分程度です。10分間は、マクラや小噺を当てましたが、なるべくストレートに笑いに結びつくのではなく、少しひねったオチを入れるようにしました（落語の世界では考えオチという）。けれども地元の人たちは、ただちに反応し、レベルの高さに感心しました。

２０２４年7月27日、しろうと落語家としてデビューした早稲田大学完之荘においておこなわれた右團治師匠の弟子たちが語る落語会で『源平盛衰記』を演じました。みなさんに喜んで受け入れられ、幸せのひとときを過ごすことができました。

私にとっての落語

私にとって落語とは、立川談志師匠がいみじくも述べたように、「喜び、怒り、哀しさ、怖さ、楽しさという人間のもつあらゆる業《ごう》を包み込んだ、つかみどころのない、何かふんわりした大きな風呂敷のような存在」と感じます。その風呂敷から、何がどのように飛び出すかは、演者の個性と話芸によるものだと思っています（別に大風呂敷を広げて論じているわけではありません。

念のため)。

落語は、聴く者にとって、いくつかの効用があります。

一つは、想像力と創造力をきたえます。噺を聴いて、頭のなかに情景をイメージ(想像)し、その上に噺の展開とともに自分なりの世界を創造します。

二つは、噺を聴く↓脳に伝わる↓脳が今は笑うところだと認知して「笑えよ」と命ずる↓ワハハという動作となって現われる。瞬時にこれだけの作用がおこなわれるわけですから、認知症予防に最大の効果がもたらされると考えます。地元の自治会館でこのことを強調すると多くの共鳴がありました。

もっとも、私はつぎのことを付言していました。落語の名人の噺を聴いていると、知らず知らずのうちにイメージが膨らむ。私の噺は、つたないがゆえにみなさんがイメージを膨らまさなければならない。その方がより効果的に認知症予防になるのだと。

＊ 以上の演目の解説については、矢野誠一『落語手帖』(講談社、1994年)、麻生芳伸編『落語百選 春、夏、秋、冬編』(ちくま文庫、1999年)などを参照しました。

アレンジ落語　その一　冥途体験

＊この演目は、人間国宝だった三代目・桂米朝《べいちょう》師匠（1925〜2015年）と人気落語家、桂文珍《ぶんちん》師匠の『地獄八景亡者の戯れ《じごくばっけいもうじゃのたわむれ》』をアレンジしたもの。

ある男（亡者1、ふぐ田ふぐ夫）、夕食にフグを自分でさばいて食べたのですが、どうも毒にあたったようで。

亡者（1）「苦しい、苦しい。う〜ん（気絶したような死んだような仕草《しぐさ》）。ここはどこなんだろう。真っ暗だ。何だか長いトンネルを通ってきたような感じがするな。〈長いトンネルを抜けると、そこは雪国だった〉なーんちゃって。うん？（まぶしい仕草）出口だ。わー、向うに大きな川が流れているな。なになに、〈三途《さんず》の川、一級河川〉。エエッ？　俺、もしかして死んだのかな？　あれ！　額に△の布がついている。（振り返る）わー、みんな△のものを額につけて、ぞろぞろうしろからついてくる。ここに方向板があるぞ。えーっと、右の橋が〈高額納税者の道、

↑天国へ行けます〉と書いてある。左の橋は〈脱税者の道、↓地獄へ落ちます〉か。で、真ん中が〈その他大勢の道、←普通の扱い〉。うーん、俺はその他大勢組だな。ハッハッハ。みんなもこっちの橋を渡るよ。橋のふもとに「料金所」って書いてあるな。〈ここで料金をお支払いください〉。橋の名前がペイブリッジ。ペイブリッジ？　横浜にベイブリッジはあるけどどな」。

番人「あ〜、並べ並べ。何だ、お前は？　何、私は死んだのでしょうか？　何を寝ぼけたことを申しておる。ここは死んだ者しか通らん。この橋を渡るのに料金が必要じゃ。用意しておけ、わかったな。何、いくらか？　それは死因や病名によって違う。あ〜、みんな順番に並んだな。いまから料金を払ってもらう。死因または病名を正直に申告するように。お前は何で死んだんじゃ。肺がん？　たばこの吸いすぎか。ぱっぱ64円。じゃが、本日は10倍の640円じゃ」。

亡者（2）「そんな！　何で10倍になるんですか」。

番人「閻魔《えんま》さまからおフレが出たんじゃ。閻魔さまからおフレが出ると値上がりする。エンフレ、エンフレ。つぎの者」。

亡者（3）「私は子宮がんでした」。

番人「子宮がんか。4×9＝36で、360円」。

亡者（1）「あのー、私フグにあたりましたので、フク18で180円ですね」。

番人「何を言うとる。1800円じゃ」。

亡者（1）「そんなバカな！　100倍じゃないですか」。

番人「いいか、フグを料理するには条例で調理士でも資格を必要とする。条例違反により、罰金を含めて100倍になる。うん？　不服か。不服なら三途の川に放りこむぞ。見ろ！　ワニがいっぱいいる。ワニが輪になって獲物《えもの》を探しとる。ワニの餌食《えじき》になりたいか」。

亡者（1）「いえ、いえ。払いますよ、払やいいんでしょう、払や。ボッタクリだな、もう。はい（金を渡す）。あのー、さっきから気になってるんですが、（左の橋を指さして）向うに見えるぼろぼろの橋、あれは何ですか」。

番人「あー、あれはビンボウ・ブリッジじゃ」。

亡者（1）「ビンボー・ブリッジ？　レインボー・ブリッジなら東京にあるけどな。それでは（右の橋を指さして）あの金色に輝いている橋は何ですか」。

番人「ああ、あれはゴールデン・ゲイト・ブリッジじゃ」。

亡者（1）「あの、サンフランシスコの……。ビンボウ・ブリッジとはえらい違いだな。もしかしたら、渡ったあとで待遇が違うのですか」。

番人「当たり前じゃ。地獄の沙汰《さた》も金次第」。

亡者（1）「それって、差別じゃないの。差別反対！」。

番人「うるさい、ここではデモは禁止されているんじゃ。逮捕するぞ」。

亡者（1）「デモー」。

番人「何がデモーじゃ。さっさと行け。あとがつかえとる。あ、この組は3時に閻魔大王さまからのお裁きがくだされるから、大王庁の中庭へ行くように、わかったな」。

ということでペイブリッジを渡り終えますと、案内所がありまして。

亡者（1）「案内所だ。ここのことがよくわからないから聞いてみようかな。すみませーん」。

案内所店員「はい、いらっしゃい。あなたここ初めて？」。

亡者（1）「は、初めてって、こんなとこへ何度も来る人がいるんですか」。

店員「何度もというわけじゃありませんけどね。この間、顔を出した人が48時間、意識不明だったんですけど、奇跡的に助かりましてな。すーっと消えていきまして。いやー、惜しかった」。

亡者（1）「俺もそんなふうに惜しまれたいな。すみません、3時まで時間を費やしたいんですが、どこへ行けばいいでしょうか」。

店員「あ、そこのパソコンで検索してください。画面が出てきたら、閻魔大王庁と入力して、あとは指示に従って進んでください」。

亡者（1）「わー、こっちにもパソコンがあるんだ。どれどれ、よいしょっと。結構広いな。ええっ！　野球場がある。極楽園《ごくらくえん》球場。後楽園球場は東京にあるけど、こっちでは極楽園球場なんだ。えーと、本日の試合は、オール半死にタイガース対オールお彼岸中日ドラゴンズ。ハハハ、面白そうだな。すみません、今年のこっちの方のペナントレース、どうなってるんですか」。

店員「今日が最終戦なんですけどね。両チームともダメでしたな。今日は最下位決定戦です。両チームの監督は、来年は生きたつもりでがんばります、こんなふうに言っています」。

亡者（1）「それ、死んだつもりでしょう」。

店員「いやいや、それはシャバでしょう。こっちでは生きたつもりでがんばる、こう言います」。

亡者（1）「何だかよくわかんないな。えーと。球場の隣がメイド文化会館。文化講演会が催されているな。講師が伊藤博文、樋口一葉、夏目漱石、福沢諭吉、渋沢栄一、津田梅子、北里柴三郎、豪華絢爛だな。新人もいるし。特別講師が青木昆陽《こんよう》、演題が『お札《さつ》について』。ウン、ウン、ウーン？　7人の講師はわかるけれども、青木昆陽って誰だったかな。あー、サツマイモを普及させた、あの青木昆陽か。おさつが違うと思うけどな。で、その隣にあるのがメイド土産《みやげ》物店、すみません。この土産物店にはどんな商品がおいてあるんですか」。

店員「そりゃもう、何でもそろってます。品物はいたって豊富です」。

亡者（1）「そしたら何ですか。メイド・イン・チャイナとか、メイド・イン・コリアとか……」。

店員「いえ、いえ、ここにある物はすべてメイド・イン・メイド」。

亡者（1）「メイド・イン・メイド？」

店員「ええ、輸入がむずかしいですからな」。

亡者（1）「なるほど。えーと、その隣がメイド酒場にメイド食堂。ここは何でも頭にメイドがつくんですね」。

店員「それは、あなたがメイド（ン）・ストリートを探しているからです。もうちょっと行ったら、妖怪《ようかい》ストリートがあります。2015年11月に水木しげるさんがこちらへいらしたのを記念して、妖怪ストリートができました。ゲゲゲの鬼太郎記念館が建って、まわりに妖怪ウオッチ屋さんがわんさとできましてな。そういえばこの間、妖怪ストリートへ行ったら、先代の林家三平さんに会いましてね。私に何か用かい？（額に手をのせて）ダー、どうもすいません、なんて言ってましたけどね」。

亡者（1）「へー面白いな、退屈しそうにないな。えーと、メイド演芸会館。へー、こんなのもあるんだ。1階が寄席、2階が演芸、3階が歌謡ショー、出し物の一つに幽霊のライン・ダンスとある。うん？　ライン・ダンスというのは、足を上げたり下げたりするダンスだよな。幽霊には足がないんじゃないかな。すみません、この幽霊のライン・ダンスってどんなふうにやるんですか」。

店員「いやあ、私はまだ見たことがないんですけどね。何でもお金はあとでいいそうです。お足は見てのお帰りとか」。

亡者（1）「なるほど。とりあえず、メイド演芸会館あたりをぶらつこうかな。地図をプリントアウトして……。あれっ、いま気がついたんですけど。このテーブルの隅《すみ》に週刊誌までおいてあるんですね。『シンデー毎日　特集号』って書いてある。〈閻魔大王の不倫発覚か？〉。わー、すごいな。これ本当ですか」。

店員「何でもね、大王がスマホに凝《こ》って、出会い系サイトがきっかけだそうです」。

亡者（1）「へえ、出会い系サイトまでこっちに来てるんだ。（歩き出す）えーと、この辺かな。あ、あった、あった。メイド演芸会館。1階が寄席。幟《のぼり》が立っている。筆頭が初代・三遊亭圓朝《えんちょう》、エッ！　あの圓朝が出演するの。五代目・古今亭志ん生に六代目・三遊亭圓生、八代目・桂文楽に五代目・柳家小さん、上方《かみがた》から二代目・桂枝雀《しじゃく》、わー、昭和・平成の名人たちじゃないか。本日のプログラムは、大型新人落語家東西大競演。で、上方から三代目・桂米朝《べいちょう》、三代目・桂春団《はるだん》治《じ》、江戸から三代目・古今亭志ん朝、七代目・立川談志、十代目・柳家小三治。わー、人間国宝や平成の名人がこちらでは新人なんだ。

2階の演芸場へ上がろう。リハーサルしているようだな。あれは誰だ、見たことがあるな。（仕草《しぐさ》をして）「いやー、もうむちゃくちゃでござりまする」、花菱アチャコだ、相方は横山エンタツか。懐かしいな。客引きしているのは植木等《ひとし》。「はい、こんにちは、で、あなた入るの、入らないの、入らない。お呼びでない。こりゃまた失礼いたしやした。♫スイスイスーダラッタ、スラスラスイスイスーイ」。

3階が歌謡ショーか。歌が聞こえてくるな。「♫東京ブギウギ　リズムウキウキ　心ズキズキワクワク……」わっつ、笠置《かさぎ》シヅ子だ。戦後の沈んだ時代に明るい歌を届けていたな。シャバを出る前に見たNHKの朝ドラ『ブギウギ』で笠置シヅ子を演じた趣里《しゅり》は、歌い、笑わせ、泣かせ、名演技だったたな。えーっと、看板にはブルースの女王、淡谷のり子。先の朝ドラで彼女の持ち歌「別れのブルース」を歌った菊地凛子《りんこ》の演技は文字通り凛としていたな。なんと菊地凛子扮する淡谷のり子は、つぎの朝ドラ「寅に翼」にまで出演していた。それに山口淑子《よしこ》、これも『ブギウギ』にちょこっと出ていたな。李香蘭《りこうらん》の名前をもっていて『夜来香《いえらいしゃん》』で大ヒットし、参議院議員を3期つとめたんだったたな。それにシャンソンの越路吹雪《こしじふぶき》、演歌の島倉千代子、『有楽町で逢いましょう』のフランク永井、燕尾服《えんびふく》を着て直立不動で歌っていた東海林《しょうじ》太郎。えーと、看板が新しいな。大型新人歌手とある。谷村新司と八代亜紀か。ワー、まさに豪華絢爛《けんらん》、これは絶対に観にこよう。

隣の小さな小屋がメイド素人《しろうと》演芸館って書いてある。ハハハ、こちらでも素人が何かをやってんだ。落語に漫才、講談、手品。フンフン、出演者が張ってあるな。三毛や猫八、三毛猫か。わんこ亭そば太郎、わんこそばか。あたりや大吉。ハハハ、縁起がよさそうだな。……またもや楽大。ウン？　字がおなじだな。あのーすみません。ここに書いてあるまたもや楽大って、どんな人でしょうか」。

係員「え、またもや楽大？　あー、よくご覧なさい。〈近日来演〉って書いてあるでしょう」。

亡者（1）「あ、本当だ。近日来演、ハハハ、それを知らないでまたもや楽大本人は地元の自治会館で落語をやっている。のんきなもんだな。……ウン？　やっぱり消しておいた方がよさそうだな。すみませーん、この張り紙、はずしてくださーい。

えーと、隣がメイド喫茶・マーメイド。メイド喫茶？　メイド喫茶っていうんだから若いピチピチした女の子なんだろうけど、どんなふうにして採用したんだろう。まさかオバアチャンが、あらいらっしゃいませって出て来るんじゃないだろうな。ちょっと覗《のぞ》いてみようかな」。

（女性の声）「本日、シャバからおいでのみなさまに申しあげます。ただいまから閻魔大王庁大法廷にて、大王様のお裁きがございます。至急、大王庁の中庭にお集まりくださーい」。

亡者（1）「あ、もうそんな時間か、メイド喫茶、入りそこなったけど、しょうがないか」。

ほうぼうから、亡者どもが大王庁の中庭にぞろぞろ集まってまいります。この裁きによって、天国へ行くか、地獄へ落ちるかが決まりますので、みんな真剣でございます。シーンと静まりかえっております。正面の扉がギギギーと開きますと、中央に閻魔大王が座っていまして。

閻魔大王「あー、シャバから来た亡者たち、そろいおるか」。

部下「はは、そろいおります」。

閻魔大王「で、何人ほどじゃ」。

部下「もうじゃもうじゃ、おりまする」。

閻魔大王「そうか。これから裁定に入る。帳面を見せなさい。いや、それじゃない、そう、その閻魔帳じゃ。これが本日の一覧じゃな。えー、うん？何じゃこのカンヌケというのは」。

部下「それは肝臓移植をしまして、肝臓をシャバにおいたままこちらへまいった者でございます」。

閻魔大王「さようか。ジンヌケもそうじゃな」。

閻魔大王「うん？　ミツコ・デラックス。これは男か女か」。

部下「われわれもわかりませぬ」。

閻魔大王「うんまあ、どちらでもよい。フン、フン、フン。わかった。これから裁定をくだす。あー、植木屋の植木ふとし、前へ出ろ。お前は庭木のうち、切るべき植木を残し、切ってはならぬ植木をバスバス切り、みずからの身を太らせた。その罪軽からず。そこに控えろ。次、あー、ふぐ田ふぐ夫、前に出ろ。お前は条例に違反してフグを料理し、フグに死んだ。お前は知らぬようだが、いま、シャバでは原因が何かというので大騒ぎしとる。その罪いたって重し。そこに控えろ。次は外科医のやぶ野きりたがり、前に出よ。お前はすぐに手術をしたがり、切らなくてもよい腹を切りさき、おまけに何度も失敗をしておる。お前のために命を落とした者たちに代わって成敗《せいばい》をいたす。控えおれ。次、薬草使いのやくくちる、前へ。お前は新鮮な薬草と称し、朽《く》ちた薬草を用い、何人もだまし続けた。重罪に値する。以上、４名を地獄送りに処す。あとの者は無罪放免、極楽行きじゃ。裁定はこれにて終了」。

４人の亡者「そんなあほな。わてらシャバで何も悪いことしておまへんがな。もう、むちゃくちゃでござりまする。控訴いたします！」。

閻魔大王「黙れ、黙れ！閻魔大王庁の裁判は一審制じゃ、この４名をかまゆでの刑に処す。ゆで釜をもってまいれ」。

というんで、熱湯が煮えくりかえった釜が持ち出されます。

閻魔大王「こいつらを釜に放り込め！」

やくくちる「あ、この熱湯なら私が持参した薬草を入れれば、たちどころに温度が下がります。それっ！　大丈夫です。手を入れてご覧なさい」。

植木ふとし「え、大丈夫だろうな。あ、ごめん、やっぱり効かなかったなんてのはなしですよ。よいしょ、わあ、ほんまにぬるうなっとるわ。こりゃいい湯加減や。一風呂あびましょう。いやー、疲れがとれるわ。♫いい湯だな、あはは、いい湯だーな」。

部下「大王様、申しあげます。あの者たちを熱湯の釜に入れたところ、薬草士が薬草を入れて、こともあろうにいい湯だな、なんて歌を歌って風呂代わりに入っております」。

閻魔大王「そうか、それでは針の山から突き落とせ」。

てんで針の山へ連れてこられて、山から突き落とされます。

植木ふとし「あ、ここは植木屋の私におまかせください。草刈り鎌を持ってきておりますから、これで切り倒していきましょう。どうぞ」。

3人の亡者「わー、面白い。滑《すべ》り台だ。シュー」。

部下「大王様、申しあげます。針の山から突き落としたところ、植木屋が鎌で針を切り倒しながら、滑りおりましてございます」。

閻魔大王「うーん、では人呑鬼《じんどんき》を呼べ！」

人を呑む鬼と書いて、人呑鬼でございます。

人呑鬼「大王様、お呼びでございますか。は、こいつらを飲み込めばよろしいのですか。簡単でございます。そーら、飲み込むぞ！」

やぶ野きりたがり「わー、飲み込まれた。宙に舞ってる。みなさーん、どこでもいいから、何かにつかまりなさいよ。よいしょっと、つかまった。ここに集まりましょう。下へ行くと、ひねり出されますから。下にいる人、ここまで登って来なさい。えー、むずかしい？　何とか登って来るんです。スポーツ・クライミングの要領で。そうそう、よし、みんなそろいましたね。ここは外科医の私の出番です。よろしいですか。よくご覧なさい。ここに5本の松のようになっている骨がありますね。ここをいじくると咳が出ます。関《せき》（咳）の5本松といってね。ちょっと私がいじくりますから。そりゃ、どうじゃ！」。

人呑鬼「ゴホン、ゴホン」。

やぶ野きりたがり「この線は涙腺《るいせん》です。これを引っ張ると涙が出てきますから。やりますよ。それ！」

人呑鬼「ワーン、ワーン、ワン。ワーン、ワーン、ワン」。

やぶ野きりたがり「この袋は笑い袋です。これを押すと笑いが出ますから。よいしょ」。

人呑鬼「ワッハハ、ワッハハ」。

やぶ野きりたがり「ここに一本の線が二股に分かれていますね。これが腹線です。単線が複線になってるんです。この腹線をいじると、腹痛がおきます。そら、どうじゃ」。

人呑鬼「(腹を押さえて) イテテ、イテテ、♫イデデーオ」。

ふぐ田ふぐ夫「浜村美智子が歌ってたバナナ・ボートみたいだな。ここに3本の線がありますが、なんだか三味線《しゃみせん》みたいですね」。

やぶ野きりたがり「あー、それはクッ三味線ですね。それをポロポロ引けばくしゃみが出ます。引いてごらんなさい」。

ふぐ田ふぐ夫「ポロローン〜」。

人呑鬼「ハ、ハ、ハックショーン」。

やくくちる「ここに何だかガス田《でん》みたいのがありますね。これを押したらどうなるんだろう、よいしょっと」。

人呑鬼「ブー」。

やくくちる「わー、面白いな。これをみんな一緒にやったら、どうなります?」

やぶ野きりたがり「どうなるでしょうな。やったことがありませんから。やってみましょうか。

それじゃ、4人で一緒に」。

4人の亡者「それぞれ上から順にいきましょう。5本松じゃ」。

人呑鬼「ゴホン、ゴホン、ゴホン」。

4人の亡者「涙腺じゃ」。

人呑鬼「ワーン、ワーン、ワン」。

4人の亡者「笑い袋じゃ」。

人呑鬼「ワ、ハ、ハ」。

4人の亡者「腹線じゃ」。

人呑鬼「イタタ、イタタ」。

4人の亡者「クッ三味線じゃ」。

人呑鬼「ハックショーン」。

4人の亡者「ガス田じゃ」。

人呑鬼「ブー。わー、たまらん、たまらん。4人を吐き出そう」。

やくくちる「吐き出すそうです。そのときに飛び出しましょう」。

ふぐ田ふぐ夫「それは私にまかせてください。飛び込みのコツを知っていますから。みなさんね。両手を耳のうしろへもってきて、足元を力いっぱい蹴ってください。あ、ガス噴射のときがいいな。大きなガスが出るでしょう。そのときに思いっきり蹴ってください。ガスに乗って、シャバにまで飛んで行けるかもしれません。身をかがめて、いいですか」。

人呑鬼「（吐き出す）おえー、ブ、ブ、ブー」。

ふぐ田ふぐ夫「それ今だ！　思いっきり蹴とばして、ガスの勢いに乗って。みなさん、さようなら」。

ビューン。

ふぐ田ふぐ夫「ウ、ウ、ウーン。あれ？　ここはどこだ。（目を開ける）あ、夢だったのか。わー、それにしても面白かったな。楽しかったな。でも一つだけ残念なことがある。マーメイドへ寄れなかった。どんな女の子たちがいたんだろう。残念だな」。

近くにいたおばあさんが「これ、ふぐ夫、何をぶつぶつ言ってんだね」。

ふぐ夫「あ、おばあちゃん。ああ、こっちはバーメイドだ」。

日本一周ドライブ旅行編

北海道

稚内《わっかない》　運転中、熊が歩いているのを見た。稚内ではおっかない思いをした。

網走《あばしり》　網走で町おこしのためにみんなでつくったパンが日本一になった。♫網走パンがいち〈番外地〉（主演、歌：高倉健）。

釧路《くしろ》　釧路はとてもよいところだったので、去るのにう（く）しろ髪を引かれる思いだった。

苫小牧《とまこまい》　苫小牧で道に迷い、テンテコマイだった。

青函《せいかん》フェリー　函館《はこだて》から青森まで青函フェリーに乗った。突然、大波に襲われ死ぬかと思ったが、何とか生還した。

東北地方

青森　青森の露店でリンゴが大盛に並べてあった。あ、おーもりだと合点した。

弘前《ひろさき》　知人宅で一休みした。これからずっと南下しなければならないのかと思うと、疲れが先に出た。疲労先。

岩手　日本一周旅行の企画を示したら、それはいいアイデアだと祝ってもらった。私も「岩手の復興」を祝ってあげた。

宮城　宮城で一泊した。夜空はとてもきれいだった。♫見やーぎてご覧、夜の星を（歌：坂本九）。

福島　ボランティア活動に参加した。そのとき「リーダーの指示に従ってください」と言われ、私は答えた。「はい、服します」。

福島で弘前の知人宅に忘れ物をしたことを思いだし、急いで持って来てくれるように頼んだ。

秋田・山形　知人は車で発進。スマホで送られてきた映像では「あっ、きた」「や、まがった」という感じですぐに届いた。

関東・中部地方

茨木　関東地方に入ったが、これからは茨《いばら》（ぎ）の道と気を引きしめた。
栃木　栃木の人たちは土地に気を配っているようだ。土地気県。
新潟　栃木を北上して新潟へ向かった。もう身体はガタガタ、ニー（ひざ）ガタガタ。
群馬　サファリパークへ行って来た。小さな動物をおサファリしたら、パークってかまれた。
埼玉　ダさいたまとは言わせぬぞ。さいたまで咲いた曼殊沙華《まんじゅしゃげ》は品格があってすばらしいよ。
千葉　千葉に来たら、「史上最大の安売りセール」がおこなわれていた。お客の目が血走っていた。
東京　東京で念願の特許を取ろうとして東京特許許可局へ行ったが、うまく言えなかった。「ここはトウキョウトッキョキョキャキョクですか」。噛《か》んでしまい、日本テレビ系の人気番組『笑点』でときどき噛む落語家を思い出した。
東京には江戸の名残《なごり》がまだ残っている。そこで英語の問題。I live in Tokyo. これを過去形にしなさい。答え　I lived in Edo.

神奈川　外人さんにカナで説明したら、「カナがわからない」と言われた。
山梨　ある男が山梨県の甲府から身延山《みのぶさん》に3年の願《がん》をかけ江戸へ出てきて、豆腐屋で奉公するようになった。その働きぶりが豆腐屋の夫妻に認められ、娘と夫婦《みょうと》になった。豆腐屋の人気商品はゴマ入りのがんもどき。「豆腐いー、ゴマ入ーりがんもどき」が売り声。3年たって、身延山へ願ほどきをすることになった。若夫婦が身支度《みじたく》をして出かけると、声をかけられた。「おそろいでどちらへ?」「甲府いー、ゴマ（おま）入ーり願ほどき」（落語『甲府い』より）。
静岡　御殿場には、おてんば娘がいっぱいいた。
体調をくずしたので、飲まず食わずで沼津まで行った。
静岡市でようやく食欲がでて、静御前《しずかごぜん》（御膳）を静かに食べた。
浜松城は1570年代に徳川家康の居城になった。家を安く買ったようだ。
長野　長野市へ着いたら「長の旅、ごくろうさん」と言われた。
富山　富山で二人の男が「富山の売薬に眠り薬があるかどうか」で口論していた。裁定に入ったのが金さん。自称、とーやまの金さん（自身は江戸奉行だった遠山金四郎を気取ってい

る）。いわく「富山の売薬には眠り薬はない」。二人は聞き返した。「どうして？」金さん
「富山の売薬は置き（起き）薬」。

＊富山の配置薬　富山では昔、薬箱を背負って、各地のお客の家に薬をおき、定期的に訪問して使った薬の代金をもらい、また期限の切れた薬を入れ替える売薬を業とする人びとが多くいたことで知られている。

石川　石川で歯の治療をした。いい歯科は何とか見つかった。
福井　福井でおおいに笑った。笑う門には福（い）来たる。
岐阜　ギフト券を買った。
愛知　どこからか歌が流れてきた。♫私を愛ち（し）てほしいのよ（歌：奥村チヨ）。
名古屋城の壁の白さは逸品とか。尾張《おわり》名古屋はシロでもつ。そのことを自慢気に語ったら、いいかげんにシロと言われた。

近畿地方

三重　見栄《みえ》を張って、やや高い品物を買ってしまった。

滋賀　おいらはドライブ旅行、シガない旅がらすよ。
　滋賀県民は、少しくらいの悪口を歯牙《しが》にかけない。
京都　久しぶりに京都へ来たので、キョトキョトした。
奈良　奈良の人は、議論が習い性になっている。「ならば……」「ならば……」「ならぬ」「ならぬ」。
和歌山　わー、加山雄三のポスターが張ってある。
大阪　浪速《なにわ》ともあれ大酒盛《おおさかもり》。
兵庫　兵庫県は標語を募集中。
　神戸市の発展には頭《こうべ》を垂れる。

中国地方

岡山　おー、加山雄三のポスターがここにも張ってある。
鳥取　忍者はっとり君がとっとり君に大変身。
　鳥取出身の力士の得意技はとったりとか。
島根　ぼーっと浜辺を眺めていたら、「あんた、ひ（し）まねー」と言われた。

広島　長旅に「疲労しますね」。
山口　山口の家は概して「やー、間口が広かった」。

四国地方

香川　香川へ入ったら少しいかがわしい店が並んでいた。
徳島　徳島で安くて良い品物を買えた。得しました。
高知　マラソン・ランナーがトレーニングをしていた。高地トレーニング。
愛媛　えー姫を多く見かけた。

九州地方

関門トンネルを通って門司へ出た。モジモジしていたら、向こうからCome on!（カンモーン）という声が聞こえた。
福岡　福岡で服を買った。福も買ったつもり。
佐賀　佐賀で探し求めていた品物を手に入れた。

長崎　西（姓）修（名）はかつて英語ではNishi Osamuと書いていたが、最近ではOsamu Nishiが普通。名を姓より先に書くようになったのは、長崎が最初だったとか。
熊本　熊本では熊もともだち扱いとか。そんなこと知らんばい。
大分　子どもが親に叱られていた。「オイタはいけません」。
宮崎　お宮の前で、オミャー先に行け。
鹿児島　雨が降ってきたから、カゴしまって。
沖縄　尖閣諸島問題は、解決に向けて先覚者の知恵を借りたい。沖縄の平和を祈ってみんなでつくろう、大きな輪。

付記　奈良を題材にして。

奈良の名物は鹿。昔、鹿を殺した者には、あやまちであっても、死罪の刑がくだされた。豆腐屋を営む親孝行で正直者の与兵衛《よへえ》が朝早く起きて豆腐をこしらえていると、キラズ（関東ではオカラという）を食べている赤犬を見つけた。そこで薪《まき》を投げると赤犬は倒れて死んでしまった。しかし、これが赤犬ではなくて鹿だったために、奉行所に引き立てられた。

名奉行の肥前の守《かみ》は与兵衛の評判を知っていて「これは鹿ではない、犬である」との裁きをくだした。これに異を唱えた鹿守《しかもり》に対して「最近、鹿の餌料《じりょう》を着服している役人がいると聞く。鹿に十分な餌《えさ》をやっていれば、空腹の鹿はいないはず。先に餌料のことを取り調べなければならぬ。……もう一度聴く。これは犬か鹿か」。

鹿守「(小さい声で)猪鹿蝶《いのしかちょう》、(大きな声で)犬でございます」。

肥前の守「あい分かった。これは犬じゃによって、無罪放免。あー、与兵衛、こちらへ参れ。(手のひらを首に当てて)キラズにやるぞ」。

与兵衛「ありがとうございます。豆で帰ります」。(落語『鹿政談』より)。

＊猪鹿蝶　花札(花かるた、または花がるたともいう)で猪、鹿、蝶の札を集めると、高い点数が与えられる。

山手線一周編

目黒　目が黒いうちに目黒から乗って山手線をめぐることに。
恵比寿　恵比寿で思わずえびす顔。
渋谷　渋谷で腹痛が起き、しぶや顔。
原宿　原宿で腹がじゅくじゅく。
代々木　代々木でトイレに行き、なんとか回復、外には夜霧《よぎり》がかかっていた。夜霧に感謝したい気分になった。♫夜（よよ）霧よ　ありがとう（歌：石原裕次郎）。
新宿　真珠首飾りをしたバーのマダムが乗ってきて、隣の席に座った。隣の駅前にあるバーにいらっしゃいと言われ、ついて行った。
新大久保　バーで真におおくぼったくられた。
高田馬場　高田馬場駅の近くの「高田バーバー」にて散髪し、乗り直し。

目白　駅前で特別セールをやっていて、目白押しの人出だった。
池袋　乗客がもっている池を描いた袋のデザイン「池袋バージョン」のデザインがいける。
大塚　慣れないダジャレ。おおつかれた。
巣鴨　巣鴨駅前でネギを売っていた。（巣）鴨がネギをしょって来た？
駒込　あまりこまごめしたことを考えないで。
田端　ばたばたしても始まらない。
西日暮里　西さんがにっぽり笑った。
日暮里　西さんだけでなく多くの人がにっぽり微笑《ほほえ》んだ。
鶯谷　外にホーホケキョとウグイスの鳴く声がした。田舎から出てきた乗客同士の会話が聞こえた。「ここはどこだに？」「ここはウグイスだに」。
上野　「どっちの方から聞こえるだに？」「上の方だに」。
御徒町　おかしを食べて笑った顔が、ああおかちまち。
秋葉原　乗客同士でいさかいがあり、剣呑《けんのん》な空気になった。あ、くはばらくわばら。
神田　なんだかんだといっているうちにもう神田へ着いた。

東京　ここがあこがれの東京駅かとすっとんきょうな声がした（＊四代目・柳亭痴楽《りゅうていちらく》『綴《つづ》り方狂室』より借用）。

有楽町　公務員試験に挑戦すると宣言したら、ユー楽勝だといわれた。合格したら、♫有楽町で逢いましょう（歌：フランク永井）と約束した。

新橋　♫汽笛一声、新橋を（１９００〈明治33〉年作『鉄道唱歌』より）。なんとなくシンパシーを感じる。

浜松町　『釣りバカ日誌』（映画は１９８８年からシリーズで上映）のハマさんを待つことに（ハマさん役・西田敏行）。はままつ町でハマ待つ。ちょっと古すぎますか?

田町　♫ちょいとお待ちよ　車屋さん、が、♫ちょいたまちよ　車屋さん、と聞こえた（歌：美空ひばり）。

高輪ゲートウェイ　高輪は上品な町、下品でいたらゲット・アウェイ（立ち去れ）と言われそうだ。

品川　品川で売っている品が悪いのかどうかで議論していた。

大崎　山手線一周もあと一駅、おー先が見えてきた。

五反田

山手線一周は五反田でおしまい。一生懸命につくった「山手線一周」を得意げに話したら、「売った田んぼはどれほど?」「五反だ」。

「ちっとも面白くない。そんなことに時間をかけるなんて、よほど暇人《ひまじん》なんだな」と軽蔑《けいべつ》され、地団駄《じたんだ》踏んで悔しがった。

参考　柳亭痴楽『恋の山手線』より

四代目・柳亭痴楽《りゅうていちらく》師匠（1921~93年）は、高座に上がると開口一番「破壊された顔の持ち主」「柳亭痴楽はいい男」などで笑いをとり、『痴楽綴り方狂室』をマクラにしたりして、独特の芸風を出していました。

上野を後に池袋、走る電車は内回り、私は近頃外回り、彼女はきれいなうぐいす芸者、にっぽり笑ったあのえくぼ、西日暮里と濡《ぬ》れてみたいが人の常、田端を売っても命がけ、思うはあの娘《こ》のことばかり、わが胸の内、駒込と愛の巣鴨を伝えたい。

大塚なビックリ、度胸《どきょう》を定め、彼女に会いに池袋、行けば男が目白押し。

そんな彼女はだめだよと、高田の馬場ぁや新大久保のおじさんたちの意見でも、新宿聞いてはいられません。

代々木なったら家を出て、原宿減ったと渋谷顔。彼女に会えれば恵比寿顔。親父《おやじ》が生きていて目黒いうちは私もいくらか五反田だ。大崎真っ暗恋の鳥。

彼女に贈るプレゼント、どんな品川良いのやら、田町ぃも宙に踊るよな、色よい返事を浜松町、そんなことばかりが新橋で、誰に悩みを有楽町、思った私が素《す》っ東京《とんきょ》。なんだ神田の行き違い、彼女はとうに秋葉原、ホントに御徒《おかち》なことばかり。

やまては消えゆく恋でした。

アレンジ落語　その二　かえる憲法

＊　前述したように、『火焔憲法』を演じていたが、「お前は護憲派か」と言われ、『かえる憲法』と改題、内容も変更。

商売というものは、何にしても難《むずか》しゅうございまして、とくに古道具を扱う商売は目利《めき》きが必要で、なかなか難しいようですな。

「お前さん、市《いち》で何か掘り出し物があったかい」。

「うん、市の人がこれは掘り出し物だって言うから買ってきた」。

「何、買ってきたの。出してごらん」。

「これだ、大日本帝国憲法」。

「大日本帝国憲法？　とっくの昔に廃止されてんじゃないの。それにまあ、ほこりだらけで。いくらだったの」。

「1万円」。

「1万円⁉　1万円って、わが家の1週間分の食費だよ。また私はまともなもの食べられなくなっちゃったじゃないか。私はこのところまともなもの食べていないから、お腹がすいて、おへそが背中の方に出ちゃいそうなんだから」。

「うるせーな。おーい、定吉《さだきち》、これをはたいてくれ」。

「おじさん、こんな汚いもの、はたくんですか」。

「お前は、黙ってはたけばいいんだ」。

〈文明開化、文明開化〉

「お前、何をつぶやいているんだ」。

「いや、つぶやいていません。はたくと音がするんですよ」。

「ハロー、ハロー。いま〈文明開化〉の音がしたのはこちらからですか」。

「あら、外人さんだよ。何かおっかない顔をしているよ。私、英語だめだから、お前さん出ておくれよ」。

「いや、俺だって英語はだめだよ。（客に向かって）あっ、どうもすみません。こいつにはたけっていったのに、余計なことをしたようで。お気にさわったら、お許しください。お前、奥へ引っ込んでいろ。あれは親戚《しんせき》から預かっているバカな子で、まだ11歳なんですよ」。

「いえ、そんなことを聞いていません。私はオイル帝国大使館のガソリーンという参事官です。いま大使があの音を聞いて、ぜひ大使館に持って来てほしいと言いました。もしかしたら、お買い上げになるかもしれません」。

「ああ、そうですか。ハハハ、お前、いいことをしたな。これは親戚から預かっている賢い子で、もう15歳なんです」。

「いま、11歳とおっしゃいました」。

「ええ、11歳のときーも、あったんです」。

「わっかりませーん。それでは大使館でお待ちしています」。

「はい、ありがとうございます。どうだい、えー、右から左へすーっと売れるってやつだ」。

「お前さん、大使館ってどんなところか知ってるのかい。治外法権《ちがいほうけん》とかいって、敷地内では日本の法律が適用されないんだってよ。大使という人は、音だけ聞いて現物を見ていないんだよ。そこへそんな汚いものを持って行ってごらん。こんなむさい物を持って来てわが帝国を侮辱するのか！って、お前さん、庭の木にぐるぐる巻きにしばられてしばらく帰って来られないよ」。

「えー、そうか。俺、行くのよそう」。

「でもお買い上げになるかもしれないんだから行っておいでよ。今朝、市にて1万円で買ってきました、1万円でお譲《ゆず》りします。儲けはいりません。そういえばしばられやしないから。行っておいでよ」。

「え、うーん。じゃ行ってくるか」。

「（出かける亭主の背中に向かって）お前さんね、自分は商売が下手で、他人《ひと》より劣っているんだ、そう思っていなくちゃいけないよ」。

「（歩きながら）商売が下手だ？　他人より劣っていると思えだと？　亭主をバカにしやがって！（だんだん声を大きくして）もう、おへそが見えないくらいにたらふく食わせてやるんだから、本当にもう。あ、ここだ。こんにちはー」。

「何です、あなた、歩きながら大きな声を出して。ここはオイル帝国大使館ですよ」。

「えー、そこへ来たんです。あっしは古道具屋の甚兵衛《じんべえ》って者です」。

「あー、古道具屋さん、うかがっています。ちょっとお待ちください。（館内電話で）あ、ガソリーン参事官？　古道具屋さんハズ ジャスト カム。フン、フン、オーケー。（甚兵衛に向かって）参事官、まいります」。

「エッ、3時間も待つの。それはダメだ。あっしは、こう見えても何だかんだで忙しいんですから。じゃ、また出直して来ます」。

「いえ、そうではありません。あ、参事官まいりました」。

「オ、ハーイ、古道具屋さん。サンキュ フォア カミング。私のオフィスへまいりましょう」。

「はい、うしろからついて行きます。わー、広いんだな。ここの家賃、いくらですか」。

「私は、知りませーん。ここが私のオフィスです。さっそく先ほどの物、見せてください」。

「これです」。

「先ほど見たときよりも、時代がたっている感じですね」。

「えー、これはもう時代ばかりなんですよ。いやなら持って帰りますから」。

「ちょっとお待ちください。大使のところへ持って行きます」。

「（しばらく待つ）大丈夫かな。こんなむさい物を持って来てって言われたら、ごめんなさいって、逃げて帰ればいいんだからな。あ、帰ってきた。どうです？　だめだったでしょう」。

「いえ、大使は大変、気にいっています、あれはおいくらですか」。

「えっ！（つまりながら）いち、いち、いち、に、さん」。

「何を言っているか、わっかりませーん。これはビジネスです。あとで交渉になるかもしれません。あなたの方から手一杯のところを言ってください」。

「手一杯ね。じゃ、こんなところでいかがでしょう」。

「手一杯といって、手をいっぱい広げただけではわっかりませーん。それはおいくらですか」。

「あっしにもわかんないんですがね。（指を折りながら）一、十、百、千、万、十万、百万、千万、一億、十億。十億円でいかがでしょう」。

「オー、ノー、それは高いです」。

「えー、高いんですよ。ここからどんどんおまけしますから。今晩、一晩中、おまけしててもかまいません」。

「あなたのビジネス、わっかりませーん。いかがでしょう、3千万円というのは」。

「3千万円？　3千万円というのはどんなお金です？」

「3千万円というのは、1万円札で3千枚です」。

「エッ!!　本物の1万円札で3千枚！　売ります、売ります、だれが何と言っても売ります」。

「だれも何とも言っていまいません。ではここにまず1千万円です」。

「ワッ、い、い、1千万円！」。

「これで2千万円です」。

「ワッ、ワッ、ゆ、ゆ、夢じゃないだろうな。（頬をつねって）痛い！　本物だ」。

「これで3千万円です」。

「ワッ、ワッ、ワッ、3千万円、ちょっとお水をください。あ、ありがとうございます」。

「領収書をお願いします」。

「いえ、領収書、いりません」。

「こちらがいるのです」。

「あ、そうですか。手がふるえて3千万円なんて書けないや。……やっと書けた。え、印鑑ですか。持ってこなかったんですけど。あなたの印鑑を押してください。えっ、だめ？　ああ、指紋でいいですか。これなら持参しています。よいしょ、よいしょ、よいしょ……」。

「いくつ押しますか？」。

「ええ、大おまけでぐるりと領収書いっぱいに」。

「そんなにいりません。……なんだかにぎやかな領収書になりましたね」。

「ああ、儲かったな。ちょっとうかがいますが、あの大日本帝国憲法はどうしてこんなに高い値がついたのでしょう。それを知らないと、あっし、枕を高くして眠れないんですけど」。

「あなた、ご存じありませんか。私も知りませーん。でも大使は大変、物知りです。あれは初めて英訳され、伊藤博文公直筆《じきひつ》の英語のサインがあります。伊藤博文公の英語のサインがあるのはあれ一つしかありません。表紙には狩野派の有名な画家が描いた、かえるの絵があります。『かえる憲法』といわれています。いまわが帝国では旧憲法を変えようとしています。大日本帝国憲法はおおいに参考になります。そんなわけで大使が探し求めていたものです。大使は大喜びしています」。

「ああ、そうですか。ちっとも知らなかった。どうもありがとうございました。失礼します」。

「そこに風呂敷を忘れています」。

「あ、風呂敷、あなたにあげます」。

「いえ、私はいりません。お持ち帰りください」。

「いやー、こんなに儲かるとは思わなかったな。あ、門番さん、どうもありがとうございました」。

「どうです？　儲かりましたか」。

「えー、おかげさまで」。

「いくら儲かりましたか」。

「大きなお世話だい。そんなこと言えやしねーな。この金を見たら、かかあの野郎、腰を抜かすだろうな。（うしろの方を見て）だれもあとをつけて来ていないだろうな。いま帰った！」。

「お帰りなさい。どうしたの、なんだかそわそわしてるじゃない。あ、追っかけられてるんだ。2階の押し入れにかくれておしまい。ここは私が守っているから」。

「な、何をいっているんだ。売れたんだ！」。

「1万円でございます。そう言ったんでしょう」。

「そう言おうと思ったけどな、舌がつっちゃったんだ」。

「お前さんは、肝心のところで舌をつっちゃう癖があるんだから。で、いくらで売れたの」。

「3千万円」。

「フーン、3千万円。3千万円って、どんなお金？」

「俺とおんなじこと言ってら。3千万円というのは、1万円札、3千枚だ」。

「エッ‼　本物の1万円札が3千枚！　お前さん、そこに持ってるのかい。見せてごらん。早く、早くさ。早く出しやがれ！」

「お、この野郎、これを見て腰を抜かすなよ。いいか、これで1千万円だ！」

「い、い、1千万円！　まあ、お前さんは商売がお上手」。

「何をぬかしているんだ。これで2千万円だ」。

「に、に、2千万円‼　あらまー、私どうしましょう」。

「どうしましょうって、ふらついているじゃないか。そこの柱につかまってろ。いいか、これで3千万円だ！」。

「ハア、ハア、ちょ、ちょっとお水ちょうだい」。

「そこも俺とおんなじだ。おい、水、持ってきてやれ」。

「あ、ありがとう。ゴク、ゴク、あー、ようやく落ち着いた。……ちょいとお前さん、憲法は儲かるわね。憲法を教える人はちっとも儲かんないようだけどさ。アッ、その棚の上にいま通用している日本国憲法があるじゃない。今度、それを持ってお行きよ」。

「え？　ウーン、これはよそう。これを持って行ったら、『押しつけ憲法』と言われる」。

世界の旅編

【南米編】

南米へ行ったら、どうなんべい？　どうなんべいか、行ってみるべい。

チリ

世界の旅をイースター島から始めた。いいスタートだった。

イースター島がチリ領であることを地図で確認した。チリに詳しくなった。

チリには多くの山がある。塵《ちり》が積もったそうな。ちりも積もれば山となる。

2022年9月4日、新憲法制定の可否を問う国民投票がおこなわれ、賛成38・1％、反対約61・9％で圧倒的多数により否決された。賛成派がチリジリに分かれたのが原因とか。

ペルー

ルーペを買った。どこの国産かと思ってひっくり返したらペルーだった。

ペルーでは、2016年7月から2022年12月までの6年間に6人もの大統領が誕生している（最短は6日間）。これだけ頻繁な大統領の交代では、国民は大統領のスペルーを覚えられないのではなかろうか。ちなみに1993年の現行憲法112条は大統領の任期は5年と規定している。

ペルーの首都がリマであることをリマインド（思い起こす）した。

ブラジル　ブラジルの豚汁《ぶたじる》は絶品とか。

リオのサンバはなぜ目立つようになったか。カラスが1羽で踊ったら、まったく目立たなかった。2羽で踊っても目立たなかった。3羽（サンバ）で踊ったら目を引いた。それがサンバの由来。こんな説を唱えたらカラスがアホー、アホーと鳴いて飛んで行った。

サンバは何色？　リオデジャネイロ。

【中米編】

ハイチ　ハイチで記念写真を撮った。ハイ、チーズ。

ジャマイカ　友人はカリブ海の小さな国、ジャマイカへ行こうと提案、そんな小国へ行っても面白くないといったら、すばらしいビーチがあって、日本から多くの観光客が訪れると言うので、ジャ、マイイカ。

キューバ　キューバでスキューバー・ダイビングを楽しんだ。スキューバー・ダイビングで少し呼吸困難になったが、なんとか薬をのんで急場をしのいだ。

メキシコ　いろんな場合にいろんな思考が出て来ることがある。ひらめいたときはひらめキ思考、ときめいたときにはときメキ思考。２０２４年6月におこなわれた大統領選挙で、二人の有力女性候補者のうち、クラウディア・シェインバウム氏が当選、同国初めての女性大統領になった。上メキ志向でがんばってほしい。

【北米編】

アメリカ　ワシントンD.C.でニューヨーク行の切符を買おうとしてTo New Yorkと言ったら2枚渡された。No, no. for New Yorkといったら4枚。困ってエートとつぶやいたら8枚、目がテンになった。この偶数に6がない、俺はろくでなしか。

かつて日本のある国会議員が米国の議会で「アメリカは日本語で米国と書きます。日本は米の国です。だから非常に近い関係にあります」と演説したが、ほとんど理解されなかったという。理解できたのはライスという議員だけだったとか。

1984年3月からメリーランド大学で5か月間、研究生活を送った。楽しい（メリー）土地（ランド）だった。

同年9月から翌年2月までプリンストン大学で研究した。同大学院生たちに講義したあとの雑談で口にしたプリンをストンと落っことした。

カナダ　カナダは漢字で加奈陀。でも普通はカタカナダ。

カナダの首都はオタワ。長年音信不通の知人はオタワにおったわ。

カナダの有名な滝の下に巨大な金塊があるって本当？　そんなことはナイアガラ。

オンタリオ州の首都、トロントで二日酔いになり、目がとろんとしたまま1日を過ごした。（どうでもいいことだが）トロントは漢字で多倫多と書く。

ハワイ　ハワイには歯医者が少ない、ハワイの人たちの歯はいいから。

【ヨーロッパ編】

イングランド　イングランドはサッカー王国、いいグランドがいっぱいあるから。

首都ロンドンで議論がド（ロ）ンドン進んだ。

アイルランド　アイルランドへ入るのは実に簡単。入り口がいっぱい、ハイルランド。

アイスランド　国民の誰もが愛している国　愛すランド。

オランダ　小さいときに聞いた「この帽子はドイツんだ」「オーランダ」がダジャレに興味をもった第一歩。

1991年7月から9月までロッテルダムにあるエラスムス大学で研究。エラ（く）スムスに研究が進んだ。

ポーランド　首都ワルシャワでワルが浴びるシャワー。

私がワルシャワを訪れたのは1991年のこと。ワルシャワ中央駅のすぐ隣にソ連の最高指導者、ヨシフ・スターリンから贈られた37階建ての文化科学宮殿があった。ワルシャワのどこからも見えるシンボルでもあったので、最初に訪れた。しかし、すでに社会主義体制を放棄しているワルシャワ市民にとって、独裁者スターリンを想起させるこの建物は目障りだった。そこでこんなアニクドート（小噺）が行き渡っていた。「ワルシャワでもっとも景色のよいところはどこだって？　それは文化科学宮殿からの眺めさ。だって、文化科学宮殿が見えないんだもの」。

ハンガリー　ハンガリーの首都はブタペスト。ハンガリーでおなかがすいた。アイ・アム・ハンガ（グ）リー。そこで豚料理を食べたら急に腹痛をもよおした。病院へ行ったら、ブタペスト病だと告げられた。

コソボ　コソボでコソコソ出て行く人影が見えたが、コソド（ボ）口だった。しばらくホ（コ）ソボソと生活しなければならなかった。

ノルウェーなど　ヨーロッパはハイウェーが整っている。どこからハイウェーに乗るか、ノルウェー。ハイウェー情報をパソコンで調べたら、マークが出てこん、デンマークだった。スイスへ入ったら車がスイスイ、車からハイウェーに手を出して……ウェーイ！

フランス　おらよ、フランスでパン食べたら腐《くさ》っててフラン（腐乱《ふらん》）すとったべ。パリっ子は宵《よい》っパリだっつうからよ、夜にパリっとした服装でつっパリ気味で出かけてパリっ子を口説いたら、やっパリきっパリ断られた。さっパリわややった。

イタリア　ローマにて。「漢字でニューヨークは紐育、パリは巴里、ロンドンは倫敦と書く。ローマはなんて書く？」「老婆」。「本当かい？」「だって老婆（ローマ）の休日が有名じゃん」。ちなみにローマの漢字は羅馬。

ナポリを見ずして死ぬなかれ。ナポリタンを食べずして死ぬなかれ。

バチカン　バチカン市国の国籍を有する人口は、わずか615人〈2018年10月時点〈外務省による〉〉。同時に世界で約14億人のカトリック信者の総本山。教皇は、120人からなる枢機卿《すうきけい》の3分の2以上の賛成によって選出される。この選挙をコンクラーベというが、一度で決まらず、何か月もかかったことがある。まさに根比《こんくら》べ。

バチカン市国でイスラム教を布教させようとするのは、ダチカン〈新潟県、富山県、岐阜県で「駄目《だめ》」という意味の方言〉。

サンマリノ　西暦301年にキリスト教徒の石工、マリノによってつくられた小国〈人口3万3881人〈2023年7月現在、外務省による〉〉かつ最古の共和国。国名は、サン〈聖を意味する〉マリノ〈石工の名前〉に由来する。1861年、米国大統領エイブラハム・リンカーンがときのサンマリノ執政官に書簡を送った。「貴国は、領土こそ狭いが、世界の歴史を通じてもっとも名誉ある国の一つである」。はたしてサンマリノが燦々《さんさん》と毬《まり》のように飛び跳ねていけるか。

リヒテンシュタイン　リヒテンシュタイン公国は、香川県小豆島にほぼ相当するほどの小さな国（人口は２０２０年12月の時点で３万９０６２人〈そのうち外国人は約34％。外務省による〉）。サンマリノとリヒテンシュタイン発行の切手は、切手収集家の垂涎物《すいぜんもの》といわれている。「きって（きっと）いいことがありそうだ」との思いで、私は訪れた両国の切手を記念として大切に持ち続けている。

モナコ　モナコのモナカはおいしいのだろうか？

ギリシア　ギリシア旅行で行く当てがあるの？　いや、アテネー。

ロシア　２０２２年２月24日、ロシアは、ウクライナに軍事進攻した。その後の状況にかんがみると、まことに「あな、おそロシア」の国である。

ロシアの極東に位置するウラジオストクでの私の体験。１９９７年８月、「日本国際救援行動委員会」〈ＪＩＲＡＣ〉会長、林健太郎・元東京大学総長〈１９１３〜２００４年〉、理事長、佐々淳行・初代内閣官房安全保障室長〈１９３０〜２０１８年〉のメンバーとしてウラジオストクを訪問。老人ホームを慰問し、また孤児院のこどもたちを招いてＪＩＲＡＣ祭りを実施、私たちは法被《はっぴ》を着て迎えた。私はあいさつをした。「私たちが着ているのは日本語ではっぴといいます。これからのひと時をハッピーで過ごしましょう」。言葉が通じなくてもおおいに楽しみ、喜ばれた。宿舎はロシア陸軍の兵舎を利用。兵舎のウラにシオがストックされていたかも。

モスクワへ行くべきか、もすくは行かざるべきか、それが問題だ。

【アジア編】

中国　北京《ぺきん》で骨折した。ペッキン。

天津《てんしん》へ行った。天真爛漫《てんしんらんまん》に過ごしている人たちがいた。

中国は習近平・国家主席の独裁体制。そのような体制はいけないと忠告しても、聞く耳をもたない。

北朝鮮　北朝鮮の首都は平壌《へいじょう》、でも平常心では住めない。

近年、ＩＣＢＭ（大陸間弾道ミサイル）や軍事偵察衛星の開発などに血眼《ちまなこ》。このような北朝鮮の挑戦をやめさせるべし。

韓国　韓流ドラマが韓国へ還流した。

シンガポール　私が同国を訪れて感じたことは「多様性の中の統合」ということである。多様性の中にも一本、芯（シン）が柱（ポール）のように頑丈《がんじょう》に通っていると感じた。

カンボジア　私の体験記。1998年12月、私は、先述のJIRACの一員としてカンボジアの学校つくりに参加した。佐々淳行氏を団長に俳優の二谷英明氏（1930～2012年）、脚本家で『3年B組金八先生』で有名な小山内美江子氏（1930～2024年）らと一緒だった。非常にショックだったのは、ツールスレイン虐殺博物館とキリング・フィールドを見学したときのこと。前者は、原始共産主義者のポル・ポト（1925～98年）が設置した政治犯収容所跡である。ポル・ポト派に反対する人たちを収容所に集め、拷問・処刑した。その数は150万人から200万人（当時の人口の約4分の1）におよんだといわれている。博物館には死亡した老若男女の何枚もの写真が壁一面にはられ、拷問に使った用具などが展示されていた。キリング・フィールドは、大量殺害がおこなわれた処刑場。銃弾ではもったいないというので、斧《おの》や蛮刀《ばんとう》で殺された。くぼみには白骨や衣服が散乱していた。近くには慰霊塔《いれいとう》がそびえたち、頭蓋骨《ずがいこつ》が何段にもわたって並べられていた。幼児とわかる頭蓋骨もあった。ポル・ポトという独裁者の狂気が生み出した結果である。
私は、ポーランドのアウシュビッツに足を運んだことがあるが、ナチス・ヒトラーの所《しょ》為《い》。人間は、ここまで恐ろしくなりうるのだと痛感した。いまでも、ロシア・ウクライナ戦争、イスラエル・ハマス戦争などで虐殺行為はやまない。世界が正気でありますようにと鍾馗《しょうき》様に祈った。

ミャンマー　2021年2月1日のクーデタにより軍が全権を掌握。3年以上を経たいまも変わらない。国連安全保障理事会は、22年12月21日、民主化運動の女性指導者、アウンサンスーチー氏らの解放を求める決議を採択したにもかかわらず、特別法廷は同月30日、同氏に禁錮7年の有罪判決をくだした。同氏の刑期は懲役と禁錮を合わせて33年になった。国軍は、民主主義推進者たちをテロリストと呼称している。ミャンマーの民主主義度は非常に低いミャンマ。

タイ、台湾　タイでタイ焼きの万国博覧会が催された（架空《かくう》）。各国からタイ挙して押し寄せた。ナンバー・ワンになったのは台湾。タイの首都では、万国博覧会が多く開かれる。首都の名前はバンコク。その博覧会は万国共通。

インド　首都ニューデリーで新しい日々を送っている。
カルカッタで風邪を引いた。でもかるかった。

モルディブ　モルディブでは小さなデブをスモールデ（イ）ブというそうな。

【中東編】

中東地域の過激なイスラム諸国における女性差別は、半端《はんぱ》ではない

トルコ　地下宮殿、巨大モスク、歴史博物館など観光名所を訪ねてトリコになりそうだった。

イラク　体調をくずし、イラク心配された。

イラン　正式名称は「イラン・イスラム共和国」。２０２２年９月、ヒジャブ（女性が髪をかくす布）を着用づける法律に違反したとして逮捕・拘束された22歳の女性が死亡した。これに抗議するデモへの参加者に対して死刑を執行している。こんな制度は、絶対にイラン。
２０２４年７月におこなわれた大統領選挙で改革派のペゼシュキアン氏が当選。ヒジャブ制度の改革を唱えている。ただし最高指導者のハメネイ氏は、内政、外交の面で、従来の保守路線を堅持する方向性は変えていない。われわれは、イランお説教と言われても、

人間の尊厳を大切にするよう促していく必要がある。

バーレーン　中東諸国のなかでは治安がよいといわれている。ただし汚職度の数値は高い。でも汚職がなかなかバーレンそうな。

カタール　2022年11月から12月にかけて首都ドーハで開催されたサッカー・ワールドカップは世界中に感動を与えた。いままで知られなかった人権問題をカタールことができるようになった。負の部分をドーハかいしていくかが課題。

イエメン　アラブ風のイケメンが多いとか。

アフガニスタン　正式名称は「アフガニスタン・イスラム共和国」。2021年8月、イスラム原理主義勢力、タリバーンによりほぼ全域が支配された。女性の人権はく奪が顕著。22年3月には、女性が中等教育以上の教育を受けることが禁止された。同年12月には、国内で活動する非政府組織（NGO）での女性職員の就労を停止した。2024年2月、外務省は殺人、強盗などが漸増傾向にあり、いかなる目的であれ渡航をやめてくださいとの警告を発している。首都はカブール。タリバーンには、その責任をかぶーる意思はさらさらない。

【アフリカ篇】

アフリカにユートピアの国があるか？　そんな国ナイジェリア、いやもしかしてアルジェリア？　それはコンゴのお楽しみ。

チュニジア　２０２２年７月25日、大統領の権限強化を内容とする新憲法草案が国民投票で可決された。賛成票は94・６％（反対票５・４％）だったが、投票率はわずか30・５％。また同年12月17日に実施された議会選挙の投票率は、さらに少なく第１回投票11・２％、第２回投票11・４％。いずれもカイス・サイード大統領に対する不信のあらわれ。ノー・サイードの笛はいつ吹かれるか。

モーリタニア　泊まったホテルが安普請《やすぶしん》だった。天井から雨が漏《も》リタニア。

ガーナ　ガーナへ行って来たガーナ。

モロッコ　モロッコのトロッコはどんなつくり？

南アフリカ　アフリカの最南端、南アフリカ共和国の喜望峰《きぼうほう》を訪れた。ここまで来られたことで大きな希望をもつことができた。

エジプト　首都のカイロからピラミッドへ行こうと思ったが、大砂塵《だいさじん》。1日待ったら絶好の日和《ひより》に、待てばカイロの日和あり。
里心がついたので、この辺で日本へカイロ。

【大洋州編】

大洋州へ向かって日本を再出発。

ニュージーランド　同国には幼《おさな》い子どもたちがいっぱい。ニュージ（乳児）ランド。

オーストラリア（豪州）　豪州の軍隊には、剛の衆が集まっている。

フィジー　私が同国を訪れたのは、1982年のこと。異様に感じたのは、警察官の服装が二分されていたことである。多数民族のフィジー系警察官は、スカートの布を腰に巻いていた（正式にはスルと呼ばれる）。これに対してインド系の警察官は、半ズボンだった。二つの民族が意地をはり合っているのか、二意地《ふいじ》。

トンガ　面積は長崎県の対馬とほぼ同じ、人口は10万6860人（2022年、世界銀行）。トンガには、トンガった人たちが多いのだろうか。

トンガリ帽子は、この国が発祥の地だという噂ありや。
トンガ語の会話を聞いても、何を言うトンガかわからないな。

サモア　面積は東京都の約1・3倍、人口は22万2380人（2022年、世界銀行）。2021年4月に実施された総選挙の結果、同年7月、23年ぶりに首相が交代、女性初のフィアメ・ナオミ・マタファ首相が誕生した。同首相は女性の人権を高めようとしている。サモアりなん。ちなみに同国憲法（1962年1月1日施行）15条3項a号には、女性と子どもに対する保護と地位向上のための規定が設けられている。

ツバル　面積は品川区とほぼ同じ。人口は1万1310人（2022年、世界銀行）。どこからか2023年10月に74歳で他界した谷村新司の『昴《すばる》』が聞こえてきた。最後のフレーズが「さらば昴よ」。ツバルにさらばして帰国の途についた。

アレンジ落語　その三　虎のアレ

＊ 元ネタは、ポピュラーな『動物園』。「アレ」が流行《はや》ったので、２０２３（令和５）年に「虎のアレ」に改作。

ある男、歩きながら「いやー、阪神ファンとして幸せだな。阪神タイガースの岡田彰布《あきのぶ》監督が唱えていたアレ〈本来はＡ〈aim＝目的〉、Ｒ〈respect＝敬意〉、Ｅ〈Empower＝力をつけて勝利する〉の省略〉が２０２３年のリーグ優勝につながり、アレが日本シリーズの優勝をもたらせた。アレアレって思っているうちにアレが達成されたんだからな。最高の気分だ。こうなったら俺のアレを実現したいな。俺のアレは、収入のいいアルバイトを見つけることだ。うん？　いつの間にか動物園の前を歩いている。動物はいいな、何も労働をしなくても食べさせてもらえるんだから。アレ、張り紙が出ている。何なに？『人材急募！　高給保証。関心のある方は、事務所へお越しください』だって。何か面白そうだな。ちょっと聞いてみようか。「ごめんくださーい」。

事務員「はい、何かご用でしょうか」。

男「あのー、そこの張り紙のことについてうかがいたいのですが」。

事務員「あ、そうですか、少々お待ちください。園長が応対しますので」。

園長「はい、私が園長です。ああ、張り紙のことで。どうぞお座りください。実は、昨日、子どもたちに大人気だった虎が急死したんです。新しい虎を見つける時間がありません。それであなたに虎になっていただきたいのです」。

男「エッ！　私が虎に？　それはむりです。私は虎になったことありません」。

園長「それはわかっています。人間、誰も虎になった者はいません。あの虎の皮をはいで縫いぐるみをつくったのです。この縫いぐるみを着て、オリのなかへ入っていただくだけでいいんです。誰にでもできます」。

男「あのー、いくつかお聞きしたいことがあります。あそこに『人材急募！』って書いてありましたけれど、私は賢い方ではありません」。

園長「あ、あれは関係ありません。ただもっともらしく書いただけです。賢いかどうかは無関係です。むしろ賢い人は、こんな仕事はしません。あなたはうってつけです」。

男「はー。で、仕事は難しいでしょうか」。

園長「全然、難しくありません。オリのなかを歩いて、ときどきウォー、ウォーって吼《ほ》えればいいのです。くたびれたら寝てください。ごく簡単です」。

男「あのー、私は朝早いのが苦手《にがて》なんですけど」。

園長「それも大丈夫です。当園は11時が開演ですから、10時半ごろに来ていただければよろしいです」。

男「食事はどうなりますか」。

園長「3時にシカやイノシシの生肉《なまにく》を入れますが、下の方は弁当になっています。うまく食べてください」。

男「張り紙には『高給保証』って書いてありますけど、1日いくらいただけるのですか」。

園長「当園は、虎とホワイト・ライオンが目玉ですから、1日2万円を支給します」。

男「エッ！　1日2万円!!　やります、やります。誰が何と言ってもやります」。

園長「誰も何とも言っていません。交渉が成立しました。本日は休演日なので、明日からお願いします」。

翌日。

男「おはようございます」。

園長「おはようございます。虎の歩き方や吼え方を簡単にお教えします。……え、まあそういうところでいいでしょう。それじゃ、オリのなかへ入ってください。鍵をかけます」。

男「かけなくてもかまいません。私は逃げ出しませんから」。

園長「いや、あなたがそうでも見物人が不安に思いますから。はい、鍵をかけました。あとは自由におやりください。お願いしますよ」。

男「いやー、まさか虎になるとは思わなかった。1日2万円、俺のアレが叶《かな》ったな。このオリのなかが俺のオフィスだ。なんか味気《あじけ》ないけどな。うん？　向こうのオリに入っているのがホワイト・ライオンか。こっちの方をジーと見てる。間抜《まぬ》けな顔をしているな。ちょっと挑発してみようか。おーい、まぬけづらー、ばーか。ハハハ、目をむいている。怒っているようだな。いまの声、聞こえたのかな。うん？　開演のベルが鳴っている。わー、多くの子どもたちがこっちへ向かって走って来る。オリが取り囲まれた。すこし脅《おど》かしてみようか。ウォー、ウォー、わー、怖がっている。俺は人気者なのだから、子どもたちの機嫌《きげん》をとろう。にっこり笑って、ニー」。

男の子「おかあちゃん、この虎、笑っているよ」。

母親「そうね、虎が笑ったのをはじめて見たわ」。

男「さっきからウォー、ウォーって吼えていたら、のどがかわいてきた。あの女の子、ジュースを飲んでいる。すこしもらおうか、（小声で）ねえ、ジュースちょうだい」。

女の子「おとうちゃん、この虎、ジュースをちょうだいって言ってるよ」

父親「虎がそんなこと、言うわけないだろう」。

女の子「たしかにそう言ったわよ。やろうか、ここにおくわよ、はい、どうぞ」。

男「（小声で）どうもありがとう」。

女の子「虎に礼を言われちゃった。あ、おとうちゃん、おとうちゃん、見て！　この虎、前足2本でジュースをつかんで飲んでる！」。

男「なんだか眠くなってきたな。横になろうか。うん？　園長がマイクをもって、オリの前に立ったぞ。何が始まるのだろう」。

園長「みなさーん、本日は当園においでくださり、まことにありがとうございます。これから動物ショーをご覧いただきます。向こうのオリには世にも珍しいホワイト・ライオンが入っています。このオリには虎が入っています。いまからあのオリをこのオリの前につけて、両方のオリを同時に開けます。するとホワイト・ライオンがこのオリに入って来て、死闘が演じられます。はたしてどちらが先に食い殺されるでしょうか。世紀の動物ショーです。みなさーん、虎のオリの前にお集まりくださーい。オーケー、レッツゴー！」。

男「アレー、そんなこと聞いていなかったよ。俺が食い殺されるに決まってるじゃないか。園長のやろう、俺を殺して2万円をチャラにしようというのだな。あ、ライオンが入って来た。ライオンさん、さっきはご免なさい、本気で言ったのではありません。あなたはやさしいライオンさんです。許してください。アレをアレしましょうね。わー、目をむいて襲ってくるー!! 口を開けたー、飲み込まれる!! なむあみだぶつ、なむあみだぶつ」。

ホワイト・ライオンが虎の上にのしかかってきて、耳元でささやきました。「心配するな。俺もバイトで雇われたんだ」。

いろはカルタ・ことわざ編

い　犬も歩けば棒に当たる　犬も暑ければボーっとする

ろ　論より証拠　ローンより賞与

は　花より団子　花よりタンゴ

に　憎まれっ子世に憚《はばか》る　憎まれっ子世に裁かる

＊憚るは「幅をきかせる」「のさばる」という意味で使用

ほ　仏の顔も3度まで　仏の顔はほっとけ

へ　下手の長談義　下手の長ダンス

と　としよりの冷や水　としよりの冷やミス

＊ある日、高速道路のインターチェンジに入ったとき、左車線の後方を見ると車がいなかったので、アクセルを踏もうとしたら、寸前に大型トラックが走り去った。視線を後方にやりすぎて大型トラックに気がつか

なかった。あと1、2秒早くアクセルを踏み込んでいたらモロに衝突するところだった。視線が死線になるところだった。

ち　ちりも積もれば山となる
ちりも積もればじゃまとなる

り　りちぎ者の子沢山
リッチな者の子沢山

ぬ　ぬかに釘
ぬかに首（怪談）

る　類は友を呼ぶ
愛は友を呼ぶ

を　親はなくても子は育つ
親は泣いても子は育つ

わ　笑う門には福来たる
笑う門で服着たる

か　可愛い子には旅をさせろ
可愛い子には足袋《たび》をはかせろ

よ　弱り目にたたり目
弱り目にただれ目

た　旅は道連れ世は情け
旅は股ずれ余は情けない

れ　良薬は口に苦《にが》し
良薬は口から逃がし

そ　袖振り合うも他生の縁
袖振り合うも多少の円（＊汚職）
腕振り合うも他生の縁

つ	爪に火をともす	常に（心に）火をともす
	鶴の一声	true の一声
ね	猫に小判	猫にご飯
な	ならぬかんにんするがかんにん	ならぬカンニングするがカンニング
ら	楽あれば苦あり	楽あれば食うあり
		核あれば苦あり
む	無理が通れば道理が引っ込む	無理が通れば道路が引っ込む
う	うわさをすれば影	うわさをすれば風邪
ゐ（い）	芋の煮えたのもご存じないか	芋の腐ったのもご存じないか
の	残り物に福	残り物に毒
お	鬼に金棒	鬼にべら棒
く	苦しいときの神頼み	苦しいときの金頼み
や	安物買いの銭《ぜに》失い	焼き物買いの銭失い
ま	馬子《まご》にも衣装	孫にも遺書

け　犬猿の仲
ふ　武士は食わねど高楊枝《たかようじ》
こ　子は親のかすがい
え　縁の下の力持ち
て　天は自ら助くる者を助く

あ　あばたもえくぼ
さ　さわらぬ神にたたりなし
　　賽《さい》は投げられた
き　きじも鳴かずば撃たれまい
ゆ　油断大敵
め　目の上のこぶ
み　身から出たさび
し　釈迦《しゃか》に説法

嫌煙の仲
武士は食わねど竹楊枝
子は親のかすかい
縁の下の力餅
天はミスから助くる者を助く
天は水から助くる者を助く（＊水害）
あなたもえくぼ
さわらぬかみさんにたたりなし
妻は投げられた（＊ＤＶはいけません）
記事も書かずば訴えられまい
油田大敵
目上からの鼓舞《こぶ》
身から出たわび
釈迦に鉄砲

ゑ　縁は異なもの味なもの　　恋（れん）は異なもの味なもの

ひ　貧乏ひまなし　　貧乏肥満なし

も　門前市をなす　　門前意地をなす

諸刃《もろは》の剣《つるぎ》　　ぼろ刃の剣

せ　急《せ》いては事をし損ず　　生徒は事をし損ず

善は急げ　　膳は急げ

す　捨てる神あれば拾う神あり　　捨てるかみさんあれば拾うかみさんあり

捨てる金あれば拾う金あり

ん　「ん」で始まる普通の言葉がないので、ここでは落語「ん廻し」を。町内の若い衆が木の芽田楽《でんがく》（豆腐を薄く切って焼き、その上から木の芽をパラパラとかける）を食べることに。ただ食べても面白くないからと、「ん」をつけた言葉を言った分だけ食べられるようにした。「だいこん、俺は1本」、「にんじん、俺は2本」。「銀座、虎ノ門、電車、往復で6本」。「俺はすごいぞ。半鐘（火の見やぐらの上などに取りつけられ、火災、災害などがあったときに打ち鳴らす）があっちでジャンジャンジャンジャンジャンジャン、こっちでもジャンジャンジャンジャン

ジャンジャン。消防自動車がカンカンカンカンカン、もう一台消防自動車が来て、カンカンカンカンカン、ジャンジャンジャンジャンジャンにカンカンカンカンカン……」差配《さはい》していた兄貴分が「こいつにナマで食わせろ」「どうして?」「いまのは火事のまねだろう。だから焼かずに食わせるんだ」。

タレントなどで活躍しているダニエル・カール氏のネットでの発言（2024年4月28日配信）。山形弁では「ん」で始まる言葉がいくつかある。「んだ」（そうだ）、「んね」（そうでない）、「んぐべ」（行こう）。

変換ミス編

　私が実際に経験した変換ミスを中心に構成しました。上段が書こうとした文字です。この変換ミスを見て、ミスを重ねれば、ミスミス取り返しのつかないことになります。

変換ミス	偏見ミス	偏見をもった変換ミスはＮＧ。
冒頭	暴投	冒頭から荒れ球を出さないように注意。
相変わらず	愛変わらず	相変わらず愛が変わらないのは大変結構。
明日、お届けします	明日、おとぼけします	まさにとぼけた反応。
安全保障	完全保障	完全な安全保障をめざそう。
安全保障政策	安全舗装計画	しっかりした安全舗装計画は安全保障政策に役立つ。

違憲法令審査権　偉権法令審査権
最高裁判所の偉い人たちが権限をもって法令が違憲かどうかを審査する。

意見陳述　意見珍述
決して珍しい現象ではない。

一難去ってまた一難　一万すってまた一万
賭博《とばく》をすれば、何度も難にあいます。してはいけません。

英国　栄国
英国に栄あれ。God save the King (or Queen)!

お食事券　汚職事件
お食事券が汚職事件の証拠になった。

お持ちします　お待ちします
持ちながら待っています。

会議の決定　懐疑の決定
会議には往々《おうおう》にして懐疑の決定がある。

戒厳令　改元令
戒厳令で改元令を出したりして。

解答　怪答
自信をもって回答したつもりが怪答になることが多い。

回復　開腹
開腹手術で回復。

華燭の盛典　過食の晴天
「華燭の盛典」でつい「過食」になったが、晴れ

家事労働	火事労働
風邪は万病のもと	金は万票のもと
家宅捜査	固く捜査
各党	格闘
起訴事案	基礎事案
北朝鮮	北挑戦
規定	期待
記念樹	危険樹
救急車	急救車
9条	窮状
	球場

晴れした気分になった。
家事労働中に火事を起こすことあり。くれぐれも注意を。
政治資金の透明化は万人の求めるところ。
家宅を固く捜査された。
各党が議席をめぐって格闘。
起訴するには基礎を固めることが必要。
核開発に挑戦、それより国民生活の向上に挑戦すべし。
期待される規定の作成を。
記念樹が成長して危険樹になったりして……。
救うために急ぐのか、急いで救うのか？
9条は窮状にある。窮状打開！
9条論議を大きな球場でやったらどうか。

狭心症
クレーバー
国の歳出
国の安全
警戒
献花
憲法改正の傾向
憲法の成立経緯
憲法論議

休場
狂心症
クレーマー
悔いの歳出
国の唖然《あぜん》
軽快
喧嘩
憲法改正の警告
憲法の整理敬意
剣法論議

9条論議をしばし休場にしたら……。
狭心症とは心臓の血管がつまる非常に重い病気と知らされ、狂心症になった。
クレーバーな人（賢者）はクレーマー（しつこく苦情を言う人）にはならない。
ときどき見られる。
国の安全をしっかり考えない国会議員が多いのに唖然。
軽快に警戒することは至難の技。
どちらが先に献花するかで喧嘩になっちゃった。
どんな憲法改正をすれば警告を受けるのか。
憲法の成立経緯をきちっと整理すれば敬意をもたれる。
憲法論議は剣法論議と似ているところあり。相手

現行憲法　拳固憲法
厳戒態勢　限界体制
現金払い　厳禁払い
公開　後悔
講義　抗議
工作船　考査苦戦
国家権力　股間権力
国会中継　後悔中継
国際社会　酷際社会
国事行為　国事恋
国法　酷法
ご丁重なメールを　ご低調なメールを

の議論に隙があれば斬りこむ。
現行憲法に拳固《げんこ》をくらわす。
態勢が厳しいときには限界体制をとることもある。
払えばよいのか、払ったらいけないのか？
公開したことを後悔した。
抗議を受けない講義を。
工作船かどうかを考査するのに苦戦。
ノーコメント。
いつになったら後悔しない国会中継が見られるのだろう。
近年の国際社会の酷《ひど》さよ。
国事に恋をしてその行為の結末を知りたい。
国法が酷法にならぬよう。

ありがとうございます　ありがとうございます　低調なメールに丁重に対応した。

ご芳情　ご不浄　ご芳情には感謝があるが、ご不浄には……？

再校　最高　再考　最高の本をつくるのに再校に再考を重ねて。

再確認　最悪人　最悪人であることが再確認された。

最高司令官　細工司令官　細工にこる司令官は真の最高司令官といえず。

再考司令官　再考ばかりしている司令官も最高司令官といえず。

最新　細心　最新かどうかに細心の注意を。

裁判所　災難所　裁判所はそんな場所にも利用される。

裁判官　最難関　裁判官になるには最難関の試験にパスすることが必要。

三権分立　三権分裂　三権分裂では国政が成り立たない。

実際上　時差愛情　実際上、時差と愛情の関係ありや？

施政方針　施政不信　不信をいだかれない施政でありたし、それがよき姿勢。

執行権	失効権
事態	辞退
史的唯物論	私的唯物論
司法審査	痴呆審査
自由民主党	自由眠主党
立憲民主党	利権民主党
出張	主張
主権在民	主権罪民
障害	傷害
資料	飼料《しりょう》
	思慮

失効権も執行権のうちか。
事態が悪化し、辞退へ。
近年、史的唯物論なる語はめったに使われない。
私的は史的であることを指摘された。
裁判官の痴呆審査をしてから司法審査を。
起きて、しっかりやりなされ。
このような政党にならないように、しっかりやりなされ。
出張してみずからの意見を主張する。
罪民といわれることのないように主権を正しく行使しよう。
障害を傷害と書いた変換ミスは生涯の不覚だった。
飼料の資料をそろえる。
資料をよく見て思慮する。

親権
新憲法

神聖不可侵
信仰

人権の制約
人工島
人材
人民共和国
正義
政治家

真剣
進憲法
死因憲法
申請不可侵
侵攻

人権の製薬
人口島
人災
人民狂和国
誠意
世辞家

民法改正に伴い、親権を真剣に考えよう。
新憲法をさらに進んだ憲法にしよう。それが真憲法論議。
憲法を死滅させる原因となるような新憲法の制定はいけません。
申請することは神聖不可侵の権利。
侵攻を正しいと信仰している指導者がいる。侵攻を進行させないように監視しよう。
人権を保障するための薬の開発が期待される。
人工島には何人の人口がいる？
人災にならない人材を集めなければ。
人民を狂わせている共和国がある。どの国だろう。
誠意がなければ正義はなし。
世辞を言わなければ政治家になれぬ？

政治介入
政治資金の還流
生殖医療
生命倫理
征服戦争
正当防衛
先制攻撃
選挙人団

想像
草案

大変革
地球温暖化

政治改入
政治資金の韓流
聖職医療
声明倫理
制服戦争
生徒防衛
先生攻撃
占拠人団

相応
争案
創案
大変角
地球温暖課

政治介入をして政治を改めさせることは、時に必要。

政治資金が韓国に流れたのか。

医療は聖なる職、まして生殖治療においてをや。

生命も声明も倫理に従うことが大切。

制服業界の戦いで業界を征服する。

先生の先制攻撃に生徒が防衛するのは正当防衛？

くれぐれも選挙人団が暴力で議会を占拠しないように。Mr. Trump, Do you understand?

相応に想像して対応する。

草案の内容いかんによって争案に。

草案を創り出す。

方角を大きく変えることを大変革という。

地球を温暖化させる課があるの？

地方自治体　　痴呆自治体
天災は忘れたころにやってくる
　返済は忘れたころにやってくる。
統帥権　　陶酔権
統治　　統地
東南アジア　　盗難アジア
とんとん拍子　　とんとん病死
日米防衛関係　　日米暴衛関係
販促　　反則
バイキング　　バンキング
表現の自由　　豹変の自由
平等の原則　　病棟の原則
ファンクラブ　　不安クラブ

案外こんな自治体が多いのでは？
返済を天災と思わないように。
絶対権力者は統帥権の行使に陶酔したがる。
統治とは地域を統《す》べること。
東南アジア諸国に失礼千万。
とんとん拍子に病死が出ないようとことん注意を。
結局、どんな関係？
販促活動は合法的に。
銀行の食堂はバイキングになっている。支払いは
バンキングで。
表現の自由には豹変の自由を含むが、信頼を損ねる。
病棟でも平等の原則が守られますように。
不安になるファンクラブってありかも。

ファンクションキー　ファクションキー
深い関係　不快関係
普段　不断
不敗のチーム　腐敗のチーム
紛争　扮装
部隊外　豚以外
米国史上　米穀史上
北方領土交渉　北方領土苦笑
防衛大臣　暴利大臣

ファンクションキーの使い方がわからず、ファクションが出た。

不快にならないほどほどの関係がベスト。

「普段」を「不断」と書き違えないように「普段」から用心が肝心。

腐敗のチームが不敗のチームになるのは世の中が腐敗しているから。

扮装して紛争を起こす。

わけがトンとわからん。

米国にどんな米穀史上のできごとがあったのだろうか？

北方領土交渉が進展しないことに苦笑するしかないのか、高尚《こうしょう》な交渉を望む。

こんな防衛大臣は即刻クビ。

貿易
武者修行
名誉革命
目指し
申します

勇気
優勝カップを配送します
落語

領海侵犯

防疫
無茶修行
毎夜革命
目刺し
脳死ます

憂喜
優勝カップを敗送します
楽語

了解侵犯

防疫してから貿易を。
無茶にならない修行を。
英国の名誉革命は毎夜おこなわれていたのか？
目刺しにすることを目指すってこと？
脳死なら「申します」が言えない。申し（脳死）訳ない。
勇気　　　　　　　憂喜勇気があれば、憂を喜に変えることができる。
結局、勝ったの、負けたの？
楽しい物語が落語だけれども、落語の肝《きも》はオチがあること、落伍しないように。
領海侵犯を了解する国があるかしら。

アレンジ落語　その四　五度狐

＊　前述の桂米朝師匠と桂文珍師匠の『七度狐』をアレンジ。

お伊勢参りからの帰り、一膳飯屋《いちぜんめしや》に入った清八と喜六。

店のおやじ（以下、おやじ）「へい、いらっしゃいませ、いらっしゃいませ、いらっしゃいませ」。

喜六「愛想《あいそ》のいいおやじだな。何ができる？」。

おやじ「へえ、そこのお品書きに書いてあるものなら、何でもできます」。

喜六「そこに書いてあるものなら、何でもできるんだな。それじゃ、最初に書いてある口の上ってのをもらおうか」。

おやじ「口の上？（振りむいて）こりゃ口上《こうじょう》って読むのじゃ、お客さん。こりゃできん。このあとに書いてあるものなら、何でもできる」。

喜六「それじゃ、最後に書いてある『以上にて御座候《ござそうろう》』ってのをもらおうか」。

おやじ「なんで、端《はし》っこばっかり読むんじゃ。真ん中、読みなせえ、真ん中を」。

喜六「真ん中な。さてとそうと……」。

おやじ「上の字だけ読んでどうする」。

喜六「ハハハ、ちょっとからかった」。

清八「食べる前に一杯、こういうことやりたいな。おやじ、酒あるか」。

おやじ「はい、地酒がございます。そこに書いてあります」。

清八「ああ、むらさめ、にわさめ、じきさめか。このむらさめってのはどんな酒だ」。

おやじ「へえ、おいしいですよ。ただね、この村でると、酔いが覚《さ》める。むらさめ」。

清八「じゃ、にわさめは？」

おやじ「庭にでると、酔いが覚める」。

清八「じゃ、このじきさめってのは、のんだあとからじきに覚める？」。

おやじ「やー、お客さん、賢いの」。

清八「なにが賢い。ああ酒はやめた。おやじ、その大きな丼《どんぶり》にもってある料理、おいしそうだな。それ、二人前もらおうか」。

おやじ「あ、これはだめだ。今晩、村に寄り合いがあって、特別にこしらえたものだ」。

喜六「いいじゃないか、二人前くらい。その中から、ちょこっとよそえばいいんだから」。

おやじ「いや、だめだ。これはあきらめてくんろ」。

清八「アッ、おやじ、いま泥棒猫が、魚を食わえてとびだしていったぞ」。

おやじ「エッ！　そりゃ大変じゃ。追いかけてくるから。♫お魚食わえたドラ猫、追いかけーて」。

清八「喜六、その丼をもって逃げよう」。

喜六「合点《がってん》だ！」。

清八「ハー、ハー、ハー。ここまで逃げれば大丈夫だろう。丼をもってきたな。俺はハシと茶碗をもってきた。でも、この作者は、大学の名誉教授だな。こんな盗人《ぬすっと》のシナリオを書いていいのかな。まあ、俺には関係ないや」。

意六「……・あー、うまかったな、この丼どうしよう」。

清八「そうさな、その草むらへ放り投げろ」。

その丼が草むらに寝てた狐の頭にコーンと当たりまして。これ、狐の頭だから、コーンなんですな。狸の腹ならポンポコポン、猫ならキャット驚くんでしょうけど……。この狐、ただの狐ではありません。五度狐といって、恨《うら》みをもったら五度だまさなければ気がすまないという性質《たち》の悪ーい狐。

狐「ウーン、稲荷《いなり》の神さまから遣《つか》わされたこの狐にかようなものを投げつけるとは。どうするか、見ていよ！」。

こう言って草むらの中へ入って行きました。

清八「おかしいな、川ができている。この前来たときは、一面が畑だったけどな」。

喜六「しっかりしてくれよ、清さん。清さんが頼りなんだから」。

清八「おそらく大雨が降って、ここに多量の水が流れこんできたんだよ。ここを渡るしかないからな。こうなったらふんどし姿になって、着物をたたんでこうして頭の上にのせて行くしかないな。お前もそうしろ、あ、そこにある竹の棒を２本もってきてくれ」。

喜六「こんな竹の棒を２本、どうするんだ？」。

清八「畑の上に水がたまっているのだから、穴に落っこったら大変だろ。お前とひもで結んで、俺がその竹の棒で地面をつつくから、お前が『浅いーか、深いか』と聞いてくれ、俺が『浅いよ、浅いよ』と言ったら、そのまま進めばいいし、俺が『深いよ、深いよ』と言えば、ひもを引っ張るんだ、わかったな」。

喜六「わかった、わかった。いくぜー、浅ーいか、深いか？」。

清八「浅いぞ、浅いぞ」。

村人「おーい、田吾作《たごさく》や。見てみ、おめえの畑が裸になった旅人ふたりに踏み荒らされとるぞ」。

田吾作「あらま、ほんに。おおかた五度狐にだまされとるんじゃろ。おい、旅人！」。

喜六「浅ーいか、深いか？」。

清八「浅い……。あれ、川がなくなってる。どうしたんだろう。すみません、ここにあった川、どうしたんでしょ」。

田吾作「川なんか、最初からあらへんがな。おめえさんたち、狐にだまされたんじゃ。気ぃつけて行かっしゃい」。

清八、喜六「エッ！　ありがとうございます」。

喜六「俺たち、狐にだまされていたんだ」。

清八「そのようだな。ウン？　あの藁《わら》が積んである陰からしっぽが出てるぞ、アッ！　狐のしっぽだ、捕まえよう、抜き足差し足、ヨッと、捕まえた、捕まえたぞー」。

喜六「手を離すなよー」。

清八「離すもんか、それーっ、ズボッ、ありゃ大根じゃ」。

村人「おめえさんたち、まただまされたな。こうなったら、お祓《はら》いしてもらいなせえ。そこの細い道の石段を上って行けば、神社がある。なーに、すぐに着く」。

清八、喜六「ありがとうございます」。

喜六「いやー、まただまされたんだ。この石段、急坂だな、ヨイショ、ヨイショ」。

清八「ヨイショ、ドッコラサ」。

喜六「清さん、あの村人はすぐに着くって言ってたな。さっきから、だいぶ歩いているな」。

清八「そうだな、それにおなじところを歩いているような気がする」。

村人「おーい、そこの二人。水車を踏んでどうすんだ」。

喜六「あれ、これ水車け？」

村人「水車けじゃないがな、水車の上をくるくるー、くるくる。降りてきてはよう行かっしゃい」。

喜六「あー、まただまされた」。

清八と喜六が峠に向かうと、川から湯煙《ゆけむり》が立っています。

喜六「あ、ここは温泉かな。ちょっと手を入れてみよう。ああ、あったかい。温泉だ。清さん、温泉だよ。ここで身を温めよう」。

清八「本当に温泉だ。やー、よかったな。湯かげんもちょうどよい」。

喜六「いやー、これまでいろいろあったけれど、こうしてあったまるのがいちばんだな」。

清八「うん、その通りだ。気が休まる」。

喜六「♫いい湯だな、アハハ、いい湯だな。こうして温泉につかっていると、下の方からジワーっと……冷えてきたな」。

清八「うん、冷えてきた」。

そこへおまわりさんが通りかかりました。

おまわり「おーい、そこの二人、川の中で何をしとるんじゃ」。

喜六「これ、川け？」。

おまわり「川けじゃないがな。川から出なさい。わしはこれから峠を降りるから」。

喜六「おまわりさん、私たちも連れていってください」。

おまわり「あー、別にかまわんが」。

喜六「あー、よかった。なあ、清さん」。

清八「(小さな声で)ばか、こいつは狐じゃ」。

喜六「エッ！　狐？」。

清八「シー。大きな声をあげるな。そうだろ、俺たちが川に入っていたら、いきなり出てきて、川で何をしとるんじゃ？　偶然じゃないだろ、仕組まれていたんだ」。

喜六「そうかな？」。

清八「そうに決まってる。捕まえよう。俺がうしろから羽交《はが》い絞めにするから、お前は前へ出て、逃げられないように通せんぼうをしろ。いいな、1、2、3、よいしょ、捕まえた、捕まえた！　しっぽはどこだ、しっぽ、しっぽ、あれ、しっぽがない⁉」。

おまわり「こりゃ、何をするんじゃ、わしは本物のおまわりじゃ。ちょっと警察署まで来なさい」。

警察署にて。

清八、喜六「申し訳ございません。五度狐とやらにだまされていたものですから」。

おまわり「五度狐にだまされとったと？　まあ、今度は大目にみるが、くれぐれも注意するように。いいかわかったな」。

そのとき、狐があらわれて「どうだい、四度だまして五度目はだまさぬ。しかしこの二人は五度だまされた。俺の実力を見たか！」と言うと、すーっと消えました。

喜六「どういうこと？　四度だまして五度目はだまさぬ。しかし五度だましたで。いったい何度だます気？　でも、清さん、おまわりに説教されるとは思わなかったな」。

清八「うん、狐にだまされただけに、こんこんと説教された」。

干支《えと》＋アルファ動物編

えーと、えとってなんだっけ。

子《ねずみ》　ある男がねずみ取りにかかったねずみの大きさを自慢した。「どうだい、このねずみは大きいだろう」「いや小《ちい》せえ」「大きいよ」「小せえよ」と口論していたら、中からねずみが「チュウ」。

丑《うし》　丑年を直前に控えて、♫モウいくつ寝るとお正月。

「問題です。よーく聞いていてください。田舎のおっさんが風邪を引いて寝込んでいました。ベッドから外を眺めると、牛が鳴いて通り過ぎました。窓には蝶々がヒラヒラと舞っていました。このおっさんの病名は？」「盲腸！」「あなたの頭の回転の速さがよくわかりました。でも注意力が足りません。もう一度、言いますよ。田舎のおっさんが風邪を引いて寝込んでいました……」。

寅《とら》　何度でもトライしなさい。トライ、トライ、トライ、トライを重ねたら、「アレ」をトラえることができる。

1960年代、『男はつらいよ』で渥美清《あつみ》が演じた「フーテンの寅」は、多くの人の心をトラえた。

卯《うさぎ》 〈問題〉動物たちの食事会がありました。羊と山羊は「ウメー」と言いました。馬は「ウマーイ」といいました。うさぎは「オイシイ」と言いました。その訳は？ 〈答え〉♫うさぎ追いし……（童謡『故郷《ふるさと》』より）。ちょっと意表をついた質問だったかな。動揺しないで。

辰《たつ》 時のタツのは早いもの。私は7回目の辰年をむかえました。今年は60年ぶりの甲辰《きのえたつ》、この年は活気がみなぎる年とか。書く気を画期的にみなぎらせ、それから後進（甲辰の音読み）に道を譲ります。

夕立が激しく降ったあとで、庭に石の間でもがいている動物を見つけた。「お前は何だ？」「私は竜でございます。夕立を降らせたときに足をすべらせて落っこってしまいました」「間抜けな竜だな。石をどけてやるよ」「ありがとうございます」「で、これからどうする？」「はい、今度、夕立が降ったら、よじ登っていきます。ついては私を救ってくださったお礼にあがりたいと思います。冬になりますが」「よせやい、冬の寒いときに雨を降らされても、迷惑だ」「私ではありません。子どもよこします。炬燵《こたつ》として使ってください」（小噺より）。

巳《へび》　沖縄のヘビは英語がわかるらしい。体重を聞いたら、〝I am heavy.〟。沖縄のハブは猛毒をもっている。「お前は猛毒をもっているな」〝Yes, I have.〟。沖縄のヘビは足を食う。スネーク。沖縄のハブは噛んだり、刺したりするが、将棋界で国民栄誉賞を受賞した羽生善治《はぶよしはる》・永世竜王は指すのが仕事。

午《うま》　午年を寅年と間違えて、トラウマになった。

未《ひつじ》　いま何時？　羊の群れに出会ったから、ひつ（7）時（なまりが相当ひどい。ご容赦）。ついでに、東京にゴジラが来たのは5時ら。何人かの禄事（記録をつかさどる職にある人）が来たから6時ら。蜂に刺されたのは8時ら、洋上に鯨《くじら》が見えたのは9時ら。

申《さる》　さると踊ろう。サル　ウィ　ダンス　Shall we dance?　映画『王様と私』（主演：女優のデボラ・カーと男優のユル・ブリンナー、1956年上映。その後、再ミュージカル化され、2015年には米国の演劇界でもっとも権威あるトニー賞を受賞）。なお、2024年4月には日生劇場にて北村一輝、明日海りおの主演で上演された。

さるお屋敷での話。主人が家の鍵を郵便受けに入れて出かけたが、飼っていた猿がそれを門の下へおいた。帰って来た主人が何とか見つけた。モンキーの一席。

酉《とり》　とりすまして大皿からとりにくいとり肉を色とりどりの小皿にとりわけるのはとりわけ難しい。つい失敗し、上司に誤ったが、とりつく島がなかった。以上とりあえず報告まで。

戌《いぬ》　犬が暑い日に食べたがるのは？　ホットドッグ。

犬が好きなそばは？　わんこそば。

犬のダジャレを考えるのに、ワン、ドッグくらいしか思いつかない。こんなのをワン・パターンという。

亥《いのしし》　猪突猛進《ちょとつもうしん》を猪突妄信《もうしん》と書いた。妄信して猛進すると「もう死んだ方がよい」と言われそう。

亥が獅子《しし》になった話。亥が胃を悪くして胃の全摘手術をしたら、獅子になったとさ。

ことり　小鳥が木から落っこった、コトリ。

チーター　チーターが木から落っこチータ。

はと　「鳩が何か落っことして行ったよ」「フン」「こんなにいっぱい落っこしていった。フン害だ」「そう憤慨《ふんがい》するな」。

鷺《さぎ》　「近頃、『詐欺《さぎ》にご注意ください』が世の中の合言葉になった。私たちはおおいに嘆《なげ》いている」。

ある男が夜中、池で眠っていたサギを大量につかまえ、帯のなかに差しこんだ。夜が明け、サギたちが羽をはばたかせると、男が空に浮き上がり、夢中で五重塔《ごじゅうのとう》にしがみつき、サギは飛び去って行った。寺は大騒ぎ。4人の僧侶が布団《ふとん》を持ち、ここへ飛び下りろと指示する。男が飛び降りたが、トランポリンよろしく跳ね返り、また五重塔に戻ってしまったとさ（落語『鷺とり』より）。

ひょう　ひょうの縫いぐるみを着たら、ヒョウヘンしてヒョウキンに見えた。

さい　「あれはさいですか」「さいざんす」。

さいの才覚に差異があるかどうか、サイコロで決めた。

きつね　日本ハムファイターズの公式チアリーダー、ファイターズ・ガールの『きつねダンス』が大ヒットして、2022年のNHK『紅白歌合戦』に登場。山内恵介、日向坂《ひなたざか》46とともに歌い、かつ踊った。きつねにつままれたような気分だった。

ある男、王子《おうじ》稲荷《いなり》に参詣《さんけい》したのち、きつねが若い女に化けるところを見た。きつねを化かそうと思い立ち、料理屋に連れこみ、さんざん飲み食いし、きつねを寝かしたまま、手土産《てみやげ》をもって帰ってしまった。勘定《かんじょう》書きをつきつけられたきつねは驚き、耳を長くし、しっぽを出し、何とか逃げきった。男は「きつねはお稲荷さまから遣わされたもの、祟《たた》りが恐ろしいぞ」と言われ、牡丹餅《ぼたもち》をもって謝《あやま》りに行った。その牡丹餅を見た親きつねが「食べるんじゃないよ、馬の糞《ふん》かもしれないから」（落語『王子の狐』より）。

たぬき ♫春が来　春が来　どこにー来　山に来、里に来、野にもー来。以上、た抜きの歌（＊小さいころによく聞かされた）。

ある男が、子どもたちにつかまっていじめられていた子だぬきを助けてやった。その晩、子だぬきがやって来て、恩返しとして何かお役に立ちたいと申し出る。博打《ばくち》が大好きなこの男がさっそく、さいころの目を教えて賭場《とば》へ行く。賭場では男が言う通りの目がでるので、事前に目を言うことが禁じられた。5の目を知らせるのに、「加賀さまのご紋だ、梅鉢だ、梅鉢。天神さまだ。わかったな、勝負ッ」と壺皿《つぼざら》をあけると、たぬきが冠《かんむり》をかぶり笏《しゃく》をもって座っていた（落語『狸賽』より）

＊ 立川志の輔×大島希巳江『英語落語で世界を笑わす！』（研究社、2008年）では、5の目を知らせるのに「オリンピックのマークを知っているな？……それっ！」と言って壺皿をあけると、たぬきが聖火をもって立っていた。この方がわかりやすい感じがする。

しか　奈良公園の放し飼いの鹿は、天然記念物として大切に扱われている。はなし家も大切に扱われますように（前述の落語『鹿政談』（66〜67頁）マクラより）。

かに　蟹が縦に這っていたので、驚いて「この蟹は縦に這っているよ」と言ったら、蟹が「ええ、少し酔っているので」と答えたそうな（古今亭志ん生師匠の小噺より）。

つるとかめ　つるとかめが相思相愛の仲になった。つるがかめにプロポーズした。かめは断った。その理由「つるは千年、かめは万年といいます。いま添い遂げても、せいぜい約千年しか続きません。後の9千年を考えると、お断りした方がよいと思います」。

えらい動物たち　いろんなものをつくった。

キリンがビールをつくった。

ライオンが歯磨きをつくった。

象が炊飯器をつくった。

虎が魔法瓶をつくった。

トンボが鉛筆をつくった。

亀の子がたわしをつくった。

プロ野球の球団をつくった。阪神タイガース、広島東洋カープ、東京ヤクルトスワローズ、中日ドラゴンズ、オリックス・バファローズ、福岡ソフトバンクホークス、埼玉西武ライオンズ、東北楽天ゴールデンイーグルス。

果物編

「果物のギャグをつくるのは楽だろう」「そんなことはないよ。苦だもの」

イチゴ　果物編の第1号はイチゴから。

イチゴが一番多くとれる平野は、いちご（越後）平野？

越後といえば思い出すのは、美空ひばりのこの歌。♫笛にふかれて　逆立《さかだ》ちすれば　わたしゃ

孤児（みなしご）　街道ぐらし　ながれながれのいちご（越後）獅子。

このイチゴはとてもおいしい　berry good!

栃木のイチゴを生まれて初めて食べたらおいしくて、縁ができたように思った。一期《いちご》一会《いちえ》。

ミカン　みかん畑の多い農家の子どもたちの集まりで。「このミカン、おいしいね。どこで取

れたの？」「オレンジ（チ）」。

「みかんはどこにある？」「アルミかんのそば」「アルミかんはどこにある？」

「ミツカン酢のそば」「ないよ。ミツカンなーい」。

「果物編はこれでおしまい？」「いやまだあるよ。未完だよ」。

ブドウ　ブドウは何種類もあります。グレ（ル）ープごとにまとめましょう。

ブドウを食べていたら部活に誘われた　武道部。

ブドウを食べてから踊るのが舞踏会。

「このブドウ酒は誰のんや？」「ワインや」。

リンゴ　きょうリンゴのデータをアップ（ル）ロードした。

リンゴを売って儲けるにはどこの国がよいか？　隣国。

カキ　カキは火のそばで食べることを禁止されている。火気厳禁。

夏にカキの効用などについて講習がある。夏期講習。

カキは氷に入れて食べるとおいしい。かき氷。

「法隆寺でカキを食べると金がなくなるって、本当？」「本当かも。柿食えば　金がなくなり（鐘が鳴るなり）法隆寺」。

クリ　クリのおもちゃが本物にそっくりなので、びっくりして、ひっくり返りそうになった。

12月25日はクリが祝福される日　メリー・クリスマス。
クリをさばいて得点をゲットする競技がクリケット？
物価高でやりクリ算段。
ほかにもクリのギャグがあるが、次回へクリ越し。

モモ　「あなたはモモが好きですか」「はい」「どおりでお肌がピーチピチ」。
モモとかけて牛二頭と解く　その心は　モーモー。
ここで小噺を。

① 昔、昔、おじいさんとおばあさんがいました。おじいさんは山へ柴刈りに、おばあさんは川へ洗濯に行きました。おばあさんが洗濯をしていると、大きなモモがどんぶらこ、どんぶらこと流れてきました。おばあさんがモモを取って持ち上げようとしたら非常に重かったので、お腹に力が入り大きなおならをブー。それがおじいさんに聞こえて、柴を刈らずに草(臭《くさ》)かったとさ。

② おばあさんが川で汚物を洗濯していました。いつまでもいつまでも洗っていましたとさ。オシマイ。えっ、オチがないよ。あまり汚いので、オチなかった。

「モモのギャグ、まだ聞きたい？」「いや、も、も、たくさん」。

アンズ　アンズを栽培するのは大変かと思っていたら、それほどでもなかった。「案ずるより産むがやすし」。

アンズを売るのは大変かと思っていたら、それほどでもなかった。「案ずるより売るがやすし。」東北地方での会話。「今年のアンズの収穫はマンズ、マンズだったべ」。

花だより編

桜　桜はいつ咲くかな。もうすぐ咲くら。
桜の木の下でショーがおこなわれていた。主役は櫻井翔《しょう》。さかんに声を発して応援していた人たちはサクラ?

梅　いつもの梅酒と梅干しに加えて、梅肉入りしょうが焼きとみょうがの梅和《あ》えを食べた。ウメーのなんのって。梅のギャグはとりあえず一つだけ。あとはいずれウメ合わせるから。

水仙　花屋で水仙の花を推薦された。
妻に水仙はどこ? と聞かれたので、トイレと答えた（水洗トイレ）。
水仙の花ことばは「自己愛」。母校へ行ったら、水仙が飾ってあった。「自校愛」。

藤　フジが大好き。見るテレビはフジテレビ、食べるケーキは不二家、好むリンゴはさんフジ、登る山は富士山、見る漫画は藤子不二雄、応援する歌手は藤あや子。

藤棚から垂れ下がる美しい藤の花。心が癒《いや》され、不治《ふじ》の病も治りそう。

ツツジ　「ツツジは何に入れたらいい？」「筒じゃ」。

春の花　バラとサツキとアヤメとヒヤシンスとショウブの花のどれがいちばん美しいかで友人たちが口論していた。意見がバラバラでサツキだち、人がアヤメ（殺《あや》め）られるかもしれない深刻な雰囲気になった。心をヒヤシンスするために、ショウブは延期された。

ラベンダー　ラベンダーをベランダーに飾ったが、いまいち見栄《みば》えがしない。長年かかわっている人に飾ってもらったら、見違えるくらい見栄えがした。さすがにベテランダー。

朝顔　朝顔に　つるべ取られて　もらい水（加賀千代女）。
朝顔に　つるべ取られて　もらい泣き（またも家楽大）。

山吹　隠居「江戸城を築いた太田道灌《どうかん》公が鷹狩に出かけた折り、急に雨が降り出したので、近くの粗末な家で蓑《みの》を借りようとした。頼みを聞いたその家の娘が『お恥ずかしゅう』と言って、お盆の上に山吹の花をのせて差し出した。道灌公は意味がわからなかったが、歌の道に通じている家来が「七重《ななえ》八重《やえ》　花は咲けども　山吹の　実《み》の一つだに　なきぞ悲しき」の実と蓑をかけたものでしょうと答えた。その答えを聞いた道灌公は『余は歌道に暗いのう』とおっしゃり、その後歌道に励み、日本一の歌人になられた」。

八五郎「日本一の火事？」

隠居「火事じゃない歌人。歌をよむ人を歌人という」

八五郎「なんだかよくわかんないけど、その歌を書いてくださいな。……ありがとうございます」。

八五郎がその歌を書いてもらい、帰宅すると、折からの雨で八五郎のもとへ友だちが飛び込んで来て「提灯《ちょうちん》を貸してくれ」。

八五郎「お恥ずかしゅう」。

友だち「変なかっこうするねー。何だ、これを読めってのか。聞き覚えのねえ都都逸《どどいつ》だな」。

八五郎「お前、その歌を知らねえというのは歌道に暗《くれ》えのう」。

友だち「うん、角《かど》が暗えから、提灯を借りにきた」（落語『道灌』より）。

身体の部位編

からだ　きょうはカラダのギャグを言えるから、カラダ（サラダ）記念日。（注：女性歌人の俵万智《たわらまち》が24歳のときに刊行した第一歌集の題名が『サラダ記念日』（河出書房新社、１９８７年）。「この味が　いいねと君が言ったから　７月６日はサラダ記念日」。

髪の毛　いまから40年前、私の髪の毛はフサフサしていた。それから40年……なんと少ないことか。だから最近は株などに投資しないことにしている。なぜって、もうけが少ないから。

　髪の毛が少しでも多く生えますように、神（髪）さまー。

頭　「あなた、頭痛をすることがありますか」「ああ、たまに」。

　難しい通訳を長時間したら頭が痛くなって、頭痛薬をのんだ。

耳　「かれにイヤリングを買ってもらった」「よかったわね」「でも安物なの」「まあ、ミミっちい」。

　年の初めに耳をそうじしたら、幸せな気分になった。ア　ハッピー　ニュー　イヤー。

鼻

「クシャミはいつから出ているのですか」「はなっから」。

あの人は鼻の高いのを鼻にかけている。

自分の鼻をたらたら自慢するのは鼻持ちならぬ。

肩

肩のダジャレをかたろう。

マッサージをしてもらったら、肩がかたいと言われた。

肩が重くなったのは片思いのせい？

肺

「胸のあたりが痛いんですって？」「はい」。

きょうはあなたに会えて胸キュンキュン、ハイな気分、でハイタッチ。

小学校、中学校、高校で肺について詳しく教えてくれるのは高校、ハイ・スクール。

アルプスの少女、ハイジも驚くハイジャック。

腸

おかげさまで私の腸は快調。

腸の治療を専門とする医者たちが熱く議論を交わしていた。丁々発止《ちょうちょうはっし》。

胃腸

胃腸によい音楽は、ショパンのイ長調変奏曲『パガニーニの思い出』。

胃腸に異変を感じたので、病院へ行った。医者に病名をたずねた。「胃炎《いえん》」「そんなこと言わないで、言ってくださいよ」「だから胃炎」、話がかみ合わなかった。

小腸　小腸がよいことは健康の象徴。

大腸　大腸の検査状況を詳細に記載してある台帳。

心臓　心臓を大切にしなければ死んぞう。だから心臓の大切さを世の中に浸透《しんとう》させたい。

内臓　「内臓、大丈夫？」「うん、なんでもないぞう」。

内臓脂肪が多すぎると、役所に届けなければならない。しぼう届け。

内臓脂肪を減らすための人体実験に志望した。

へそ　「ヘソの穴をきれいに保つことが大切なんだって」「へーそう」。

ひざ　ひざが笑っているといったのは誰？　ニーニ（ひざを英語でknee〈ニー〉という）。

足　ちょっと高いバーに足しげく通っていたら、足が出た。

煮炊き料理をするための調理設備として「かまど」が使われる。関西では「へっつい」という。古道具屋にある「へっつい」は買い取られた翌日、買い値より安くてもよいから引き取ってくれと返品される。その理由を聞くと、夜中にやせた男が出てきて「金を出せ」というのだと。古道具屋は儲かると喜んでいたが、そのうち、あの店で買ったら幽霊が出てくるとのうわさが立ち始めた。古道具屋は、それまで5両の値をつけていたが、気味が悪くなり、買いたい人には1両をつけるとの張り紙を出した。それを見た長屋の熊五郎と勘当されて隣に住む若旦那は1両で引き取り長屋に運ぶ。その途中で落とした拍子に300両の金が出てきた。それを山分けしたものの熊五郎は博打《ばくち》で、若旦那は吉原へ行って1晩で使いはたしてしまう。その晩、若旦那が寝ていると、「へっつい」から青い火とともにやせた男が出てきた。若旦那が悲鳴をあげて熊五郎の部屋へ飛び込んできた。熊五郎がその男と話をすると、男は博打で稼いだ300両を「へっつい」に入れていたが、ふぐにあたって、ふぐに死んでしまった。残した300両が気になって、「へっつい」の買主のもとへ現れるのだという。そこで熊五郎は、若旦那の実家から300両を工面してもらい、幽霊と150両ずつ分けた。おたがいに博打好きとあって、丁半賭博《ちょうはん》をする。熊五郎が勝ち続けて、幽霊は文無《もんな》しになる。幽霊が「もうひと勝負!」と挑むが、熊五郎「よせやい。お前は文無しじゃないか」と応ずると、幽霊が「銭はなくてもあっしは幽霊、足は出さない」（落語『へっつい幽霊』より）。

＊ 丁半賭博　壺皿《つぼざら》のなかにさいころを二つ入れ、さいころの目の和が丁（偶数）か半（奇数）かを賭ける単純な賭けごと。

アレンジ落語　その五　源平盛衰記

「アレンジ落語」最終回は、前述したように（29頁）、約30年前にデビューした早稲田大学の庭園内にある完之荘《かんしそう》において、２０２４年7月27日に演じた『源平盛衰記』の一席（概要）でお楽しみを。

この噺は、地噺《じばなし》と言います。普通の落語は、八つぁん、熊さん、隠居、長屋のおかみさん、バカの与太郎などが掛け合いで展開しますが、地噺は、最初から最後まで掛け合いなしの自分一人で話します。それゆえ、話し手が勝手に噺と直接に関係のない、たわいのないギャグなどを入れ、それぞれの形で演じます。演者が源平盛衰記をどのように語るか、それがポイントの一つです。

私は、先代・林家三平、七代目・立川談志、十代目・桂文治各師匠の噺を録画で視聴しましたが、自分のなかに取り込むことができませんでした。たとえば三平師匠、「おや、奥様いらっしゃいませ。奥様がおいでになるのをお待ちしてたのです。えー、これから面白くなるところですから。

……♫よしこさーん。どうもすいません。（頭に手をやり）ダー」。談志師匠は、とめどもなく蘊蓄《うんちく》を膨らませ、蘊蓄《うんちく》を傾け、30分以上、語っていました。文治師匠の例《たと》えは古すぎましたな。

（扇《おうぎ》をピシャリ打ち、講談口調《くちょう》で）祇園精舎《ぎおんしょうじゃ》の鐘の声　諸行無常《しょぎょうむじょう》の響きあり　沙羅双樹《さらそうじゅ》の花の色　盛者必衰《じょうしゃひっすい》の理《ことわり》をあらわす　おごれる者　久しからず　ただ春の夜の夢のごとし　猛《たけ》き者も　ついにはほろびぬ　ひとえに風の前の塵《ちり》におなじ。

「平家物語」の冒頭の一節です。「おごれる者　久しからず」。これが肝心ですな。私もおごったことがあります。何人ものゼミ生を引き連れてレストランへ行き、今日は私のおごりだから何を食べてもいいよって言ったのですが、散財したので、1回きりになりました……おごれる者、久しからず（扇を小さくピシャリ）。

本日は、源平盛衰記中、倶梨伽羅峠《くりからとうげ》の合戦と屋島の戦いについて語ります。

（扇をピシャリ）平家全盛のおり、これを討伐しようと立ち上がったのが木曽義仲《きそのよしなか》でございます。ご存じ鎌倉幕府を打ち立てた源頼朝、その弟・義経のいとこにあたります。本名は源義仲と称しますが、木曽の山中で育ったことから木曽義仲といわれています。約3万騎の軍勢を引き連れて北陸道《ほくりくどう》へ向かいます。平家側は、これを討《う》つべく、平清盛《きよもり》の嫡孫・平維盛《たいらこれもり》を総大将として約7万騎の軍勢で北陸道へ。この軍勢の数については諸説あります。憲法の学説ならばあるだけのエネルギーを注力しますが、それだけの気力がわきません。まあ、適当ということで（扇を小さくピシャリ）……両軍がいまの石川県と富山県の県境にある倶利伽羅峠で向かい合います。平家側は、京から何百里と歩き夕方に着きましたので、疲労困憊《こんぱい》。その夜は休んで明朝、出陣しようということで、眠りにつきます。

義仲、これを計算に入れていた。そこで宵のうちに家来に法螺貝《ほらがい》をもたせ、四方を囲み、平家方が寝静まった頃合いをみて、いっせいに法螺貝を吹かせた。ボー・ウォー・ウォー、その法螺の音《ね》が山やまにこだまし、大きく響き渡りました。その音がなんとこの早稲田の地にまで届いたという。それは大げさ、私が法螺を吹いた（扇を小さくピシャリ）。

平家の軍勢は驚いたが、月が出ていない真っ暗闇《くらやみ》。明かりはつけません。相手の標的になりますから。いざ戦闘準備にかかりましたが、どれが自分の兜《かぶと》かわからない。なかにはそこにあった鍋《なべ》や釜《かま》をかぶる者も出るしまつ。「なべそんなものをかぶるのか?」「どうぞおかまいなく」などといって（扇を小さくピシャリ）、大混乱におちいりました。

そこへ義仲は、火牛《ひぎゅう》の計《けい》をもちいました。この火牛の計とは、牛の角に松明《たいまつ》を結びつけ、お尻をたたき、相手方へ向けてもう突進させるというもの。牛だからもう突進ですな。その数は4～500頭におよんだといわれます。平家側は懸命に水をかけるも、効果はゼロ。まさに焼け牛（石）に水——（扇を小さくピシャリ）。大混乱がさらに大混乱に。

そのうち、1人の雑兵《ぞうひょう》が下に降り、狭い道を南の方向へ走り出した。その走り方がすごかったので、もしかしたら、道を知っているのかと思い、2人が続いた。4人、8人、16人と倍々に膨《ふく》れ上がり、32（ざぶに）、64（ろくよん）、128（いちにぱ）、256（にごろ）、512（ごいちに）……まんがーん（満貫、扇を小さくピシャリ）。はじめにかけだした雑兵はいいかげんにかけだしたのですが、うしろを振り向くと大勢がついて来るのでそのまま南へまっしぐら。そこにあったのが倶利伽羅峠の絶壁でございます。絶壁では足を踏み出すと、後へ戻れません。後へ戻れないということは、ただ真下《ました》へ落ちるだけ。1人が2人、4人、8人、16人と倍々に膨《ふく》れ上がり、32（ざぶに）、64（ろくよん）、128（いちにぱ）、256（にごろ）、512（ごいちに）……まんがーん。おなじことを何度も言うな！（扇をピシャリ）死骸《しがい》の山が築かれます。夜が明けました。日が昇りました。♫夜が明ける　日がのぼる　朝の光のそのなかで　冷たくなった私を見つけて、あのひーとは、涙を流してくれーるでしょうか。西田佐知子の歌『アカシアの雨がやむとき』が静かに聞こえてきたそうな。時代が違う！　そんなことはあり得ない。また私が法螺を吹いた（扇を小さくピシャリ）。

場面が変わって、屋島（現在の香川県高松市に所在）の戦い。海岸で平家軍と源氏軍がにらみ合っていると、平家側から一艘《そう》の舟が沖へ出て、くるりと舟先を浜辺《はまべ》へと向けた。浜辺といっても、２０２３年春から放映されたＮＨＫ朝ドラ『らんまん』に出演していた浜辺美波《みなみ》とは違う。浜辺美波の演技はすばらしかったー。そんなことはどうでもよい（扇を小さくピシャリ）。平家側から出された舟に乗っていたのは、ミス平家といわれた柳御前《やなぎのまえ》。懐から扇《おうぎ》を出し、高く掲げ、源氏軍に向け、ヒラヒラさせた。「この扇を射てみよ」という挑発。その扇を射るべく源氏の総大将・源義経《みなもとのよしつね》から指名されたのが、那須与一《なすのよいち》。

（口調を落とし、説明）あのー、与一とは今は与える一《いち》と書きますが、本来は余《あま》り一と書き、つまり11人目の子どものことなんですね。私の小、中学校時代、七郎という名前のついていた友人がいました。文字通り、七番目の子どもでした。また末《すえ》男という名前の知人がいました。おなじく七番目の子どもで、これをもって末《まっ》（最後）にするという意味がこめられていると言っていました。その後に子どもができれば、世も末（?・）。ついでに演歌歌手だった春日八郎（1924〜91年）を調べてみました。実の妹は二人だけだった。調べただけ無駄だったー。いや、そうではない。向学心は認めてもらいたい（扇を小さくピシャリ）。

（講談口調にもどり、扇をピシャリ）源氏側の代表に選ばれた与一、打ち損じると切腹を覚悟して、馬にまたがりしずしずと波打ち際まで進みます。満月のように弓矢を引きしぼり、狙いを定め、南無《なむ》八幡大菩薩《はちまんだいぼさつ》と唱え、矢を放った。鏑矢《かぶらや》でございます。シュルシュルっと空気を震わせ、みごと矢は扇に命中！「大当たり！　ピース20個」と語っていたのが文治師匠ですが、いまどき通用しませんね。

扇がポーンと空中へ跳ね上がり、海面へひらひらと落ちた。これを見た源氏側は大喜び、太鼓を打ち鳴らし、足を踏みならして踊りだした。あまりものすばらしさに平家側もつられて踊りだした。それが平家没落につながったー（扇でピシャリ）。「踊る（おごる）平家、久しからず」。

ユーモア50選

ユーモアでみなさんの笑いを誘えるように。

（1）笑いにもいろいろあり。薬局の女性はクスリ、歯医者の先生はハハハ、私はイッヒッヒ〈ドイツ語で私のことをイッヒ〈ich〉という〉、夫婦が顔を見合わせてフフフ、絵描きさんはエヘへ、力士の王鵬はオホホか。

（2）吉田茂・元首相（1878〜1967年）は、ユーモアが大好きだった。時折り邸宅に六代目・春風亭柳橋《りゅうきょう》師匠（1899〜1979年）を招き、落語を楽しんだ。

①ある日、オーバー・コート（外套《がいとう》）を着て街頭《がいとう》演説をしていたら、聴衆からオーバー・コートを脱げと言われ、こう答えた。「ここは街頭だから外套を着ているのです」。

②記者から質問があった。「首相はいたって元気ですが、何を食べているのですか」。「人を食っている」。まさに人を食った答え。

（3）英国の首相だったウィンストン・チャーチル（1874〜1965年）も、ユーモアのセンスがあった。劇作家（1925年にノーベル文学賞を受賞）でブラック・ジョークを得意にしていたバーナード・ショー（1856〜1950年）とは犬猿の仲だった。ショーは、チャーチルに招待状を送った。「公演の初日の切符を2枚お送りします。友人といらしてください。ただし友人がいらっしゃればの話ですが」。これにチャーチルは返事をした。「今回は多忙のため初日にうかがえません。次回にはぜひうかがいます、ただし再演されていればの話ですが」。なお、チャーチルは「愉快なことを理解できない人間に世の中の深刻な事情がわかるはずはない」との言葉を残している。

（4）森喜朗《よしろう》・元首相の場合、期せずしてジョークとして受け継がれている。ビル・クリントン米国大統領と初対面のとき、事前に予習をした。「最初に〝How are you ?〟とお聞きください。大統領は〝Thank you. and you?〟と答えるでしょう。そうしたら、〝Me, too.〟と対応してください」。本番。森首相は少し上がっていたのか、〝Who are you ?〟と発言、この発言をユーモアと思ったのか、大統領は〝I am a husband of Mrs. Hillary〟と答えた。森首相の反応。〝Me, too.〟（注・ヒラリー・クリントン氏は、バラク・オバマ大統領のときの国務長官をつとめた）。

（5）長嶋茂雄・読売ジャイアンツ名誉監督は、天然のユーモリストである。独特の英語を使ってユーモアをかもしだした。「サバですか、魚偏《さかなへん》にブルーですね」。こう言ってさばさばした顔をしていたそうな。「失敗は成功のマザー」。チキンを注文して「アイムチキン」（長嶋氏はいつチキンになった？）。「ミート、グッバイ」（肉離れだそうだが、理解するのに時間がかかろう）。また打者のファウルボールがキャッチャーの股間にあたり、キャッチャーがうずくまる様子を見て「ちんプレーですね」。

（6）区役所で職員が老人に「マイナンバーお持ちですか」とたずねたら、マイナンバーが何か知らない老人から「ナンマイダー」と拝まれた。職員は「1枚で結構です」と答えていた。

（7）耳の遠くなった老夫婦の話。「ばあさん、ばあさん」、「えー、何です？　おじいさん」「いま家の前を通って行ったのは、ご近所の西さんやないかな」、「いいえ、違いますよ、おじいさん。あれはご近所の西さんですよ」「えー、あ、そうか、わしはまたご近所の西さんかと思った」。

（8）電話を取った。「もしもし」「あっ、おじいちゃん。僕ね、算数で95点取った」。その声は喜びにあふれ、大きな声。「それはよかったね」と返答したら、一瞬、間があって、いきなり小さな声になって「あ、ごめんなさい。電話、間違えちゃった」。間違い電話をしたとはいえ、祖父によいことを急いで知らせようと思い、電話を使ったのはほめるべきこと。ことわざにいわく「善は（電話）急げ」。

(9) おじいちゃんに教わった。4人の世界的作曲家が会食をした。ロベルト・シューマン（1810〜56年）がシューマイを、フレデリック・ショパン（1810〜48年）はショッパンを、ルートビッヒ・ベートーベン（1770〜1827年）は弁当を、そしてウォルフガング・モーツァルト（1756〜91年）は「私モー」と言ってタルト菓子を持参した。4人が会ったのは「運命」（ベートーベン作曲）だったといえる。聞こえてきた曲が「魔笛」（モーツァルト作曲）だった。すてきな光景だった。この4人は作曲家として余人をもって代えがたいのだとか。おじいちゃんは物知りだと思って感心していたが、あとで調べたら時代が違い、一緒になることはあり得ないことがわかって、心のリズムに変調をきたした。

(10) 富山弁で一つ。「おっかー、おっか？」。「なーん、おらんな」。「あんまは？」「按摩《あんま》へ行った」「おっじゃは？」「おっじゃならおっじゃ」（通訳：「おっかさん、いるか？」「いや、いない」「兄貴は？」「マッサージをしてもらいに行った」「弟は？」「弟ならいる」）。

(11) 内科医、外科医、歯科医、産科医がゴルフ場に出かけた。順位は1位、歯科医─視界良好、2位、内科医─打ったボールがラフに入り「この辺にボールがないかい?」ビリの3位は外科医　ボールが山の上から下界に落ちて行った。産科医は参加しただけ。でも最後はこう締めくくった。「これにて散会」。

(12) 医者が打ったゴルフ・ボールで観客に怪我《けが》を負わせた。医者が払ったのは慰謝《いしゃ》料。

(13) コンピューターを使わずに頭の中で迅速に計算する産婦人科が人気。暗算(安産)。

(14) ある薬局でいつもの店員から新人を紹介された。私は新人に向かって言った。「クスリをひっくり返さないように。リスクになるから」。

(15) 予防注射をするお年寄りは、ヨボヨボになるのを防止するため。多くの人が夏に帽子をかぶるのは暑さを防止するため。冬に帽子をかぶるのは寒さを防ぐため。私が年中、帽子をかぶるのはボケ防止のため。

(16) 私は新聞を三紙とって判断材料にしている。そこで「一目上がり」。一押しの話、西が三紙を読んでよしという、五里霧中、七転び八起きで苦渋の選択。

(17) 「君たちは、何歳?」「ぼく、天才」「ぼく、秀才」「二人ともすごいね」「ぼくは、柔道十段だよ」「えっつ、本当?」「冗談」。

(18) 真夏の猛暑日、著作に熱中したために熱中症になった。めまいがして床《とこ》から立ち上がれなかった。とにかく周囲が独楽《こま》のようにくるくる回る、これも人生のひとコマ。このとき、落語『親子酒』が頭をよぎった。

親子酒 酒の好きな親子が、これから酒を飲まないと約束した。何日かすると、父親がかみさんに一杯だけと頼んだが、そのうちベロベロに。そこへ息子がへベレケになって帰ってきた。「ウーイ、お父さんただいま」。「ウン? お前、酒を飲んできたな。お前の顔が五つにも六つにも見える。こんな化け物にこの身代《しんだい》は譲《ゆず》れません」。「えー、お父さん、私もこんなにグルグル回る家なんかいりません」。

(19) 友人との会話

友人「俺、この間、紅葉《こうよう》を見てきたよ。とてもきれいだった」。

私「それはよかったね。公用で行ったの、それとも私用で?」。

友人「もちろん、私用さ」。

私「使用したのは車、それとも電車？」

友人「電車だよ。車を使えば高速に乗ることになるから、しんどいよ」。

私「高速だと、脳梗塞になる恐れがあるからね」。

友人「そう、その通り。お前、いいこと言うな」。

友人は、私のダジャレに最後までまったく気づかなかった。

(20) 米国人に確認した。「Nature calls me.（自然が私を呼んでいる）って、私はトイレに行くという意味だそうだけれども、本当ですか」。「はい、その通り」と答えて、会話中に「Nature calls me.」と言いながら、トイレへ行った。私には、かれの発言が「ネーチャン コールズ ミ」としか聞こえなかった。

(21) 上方落語家の六代目・笑福亭松鶴《しょうふくていしょかく》 師匠（1918～86年）の口癖は「誰やー」。飼っていた九官鳥がそれを覚えた。師匠が外出中に酒屋が来た。裏木戸から「こんちわー、酒屋です」と声をかけたら、九官鳥が「誰やー」「酒屋です」「誰やー」「酒屋です」。何十ぺんもくり返し、酒屋がひっくり返ってしまった。そこへ師匠が帰って来て「誰やー」。そうしたら九官鳥が「酒屋です」。

(22)
東京都内で高齢者がもっとも多い区は？　豊島（年増）区。

東京都内でみながしゃべってばかりいる区は？　港区（みなトーク）。

東京都内で区民がもっとも対等な区は？　台東区。

東京都内で仕事が終えたら帰宅を急ぐ区は？　北区。

洗濯物が早く乾くので驚かれている区は？　荒川区。

(23)
八五郎「隠居《いんきょ》さん、きょうは降りますかね」。

隠居「きょうは降る天気じゃない」。午後から大雨。

八五郎「隠居さん、降ったじゃないですか。傘をもたずに出かけたら、大変なことになった。どうしてくれるんですか」。

隠居「だから私は言っただろう。きょうは降る、天気じゃない」。

どこで読点《とうてん》（、）を打つかによって、意味ががらりと異なる。

(24)
易者が客の手相を見て言った。「あんたの父親は死んで、いないだろう」「何を言うてんねん。わての父親はまだ生きてまっせ」「だから私は言った。あんたの父親は死んでいない」。

知人にこのギャグを言ったら、目を点（、）にして驚かれた。

(25) 昔は電報がもっとも早い通信手段だった。出張で出かけていた夫から妻に電報が届いた。「ツマデキタコンヤカエレヌ」。妻はひっくり返らんばかりに驚いた。あとになって文章が解明し、胸をなでおろした。「津まで来た今夜帰れぬ」。

(26) 机の上に子どもが書いた紙がおいてあった。「はは大切」。これを見た母親が夕食に子どもの大好きな料理をつくり、ほめたたえた。子どもはきょとんとして、会話が成り立たなかった。子どもが書いたのは「歯は大切」。

(27) 後悔《こうかい》は何に立たずだったっけ？　後悔は役に立たず。

(28) ある人が夏目漱石の本を古池に落っことした。ボッチャーン。音で本の名前がわかった。その本を拾うために池へ飛びこんだ。その人は本を買っていたかどうか、以下が答え。「古池や　かわず飛びこむ　水の音」。

(29) 「私の父は横綱です」を英語でいえば、My father is smoking,「私の母はわがままです」を英語でいえば、My mother is my mama.（注：smoking＝相撲キング、my mama＝ワガママ）

(30) 西郷隆盛《たかもり》が西郷どん、大久保利通《としみち》が大久保どん、ならば勝海舟《かつかいしゅう》はカツ丼、天童よしみは天丼、坂東玉三郎は玉丼、松本白鸚《はくおう》と松たか子は……親子丼。

(31) 銅メダルは、金メダルと同じ価値がある。銅は金偏《かねへん》に同じと書くから。堂々と胸を張ってよい。

(32) 2016年8月、自衛隊の観艦式に参加して旗艦のVIP室にいたら、自衛官がオリンピックで獲得したメダルを持参した。私は金メダルと銅メダルを手にしている自衛官の真ん中に立って、自分は銀メダルだと言った。「だって私はいぶし銀の存在」。うぬぼれるにもいい加減にしろ!

(33) メダルを取るには精神的なトレーニングを欠かせない。メンタ(ダ)ル・トレーニング。

(34) お月さまとお日さまと雷さまが宿泊した。雷さまが目をさますと、お月さまとお日さまはすでに宿をたっていた。月日がたつのは早いもの。「雷さまはいつおたちになりますか?」と番頭に聞かれた雷さまが答えた。「わしは夕立じゃ」。

(35) June Bride. 6月に結婚する花嫁は幸せになるといわれている。この月に結婚する花嫁は誇りをもっているようだ。June Pride.

(36) 月　　月々にツケ見る月は多けれど　ツケ見る月はこの月のツケ。

火星　火星から電波が届いた。金を貸せい。

水星　彗星《すいせい》のごとく現れた。
木星　木製だとの説あり。
金星　金木犀《きんもくせい》は欲張りだ、金星と木星を独り占めにしている。なお、金星は近世になって発見されたという。
土星　あいまいな指示、どうせいというのじゃ?。

(37)　背が高いね、ハイ。きれいな目だね、アイ。耳にさわってもいい?　イヤー。あの人の脳は大丈夫かしら?　ノー。キリストの存在を信じるか、イエス。電話でどこと話すの?　トーク。山でいっぱいの星を見る、マウンテンの星。車は何色?　アカー(a car)。西さんが物語を語った、ウエスト・サイド・ストーリー。

(38)　落語入門。「そこに囲いがあるよ」「へーい」。これが第一課といわれる。間違って最初に「そこに塀《へい》があるよ」と言った。とっさに「かっこいい」と言って、難を免れた。

(39)　ステーキは洋食、さしみは和食、スパゲッティ、マカロニは洋食、そば、うどんは和食、カツレツは洋食、カツ丼は和食、ではうな丼は洋食か和食か?　答えは洋食(養殖)。

(40)　忘れもの　取りに来たのに　また忘れ。

うまかった　何を食べたか　忘れたが。
物忘れ　このまま全部　忘れたい。
ベンツから　乗り換えたのが　車いす。
たまったなあ、お金じゃなくて　体脂肪。
ついて来い　言った家内に　ついて行き。
あれよあれ　それよそれよと　答え出ず。
脳トレに　励む前に　脂肪トレ。
無宗教　いまはすべて　神頼み。
君の名は？　いま流行語　老人会。
古稀をすぎ、鏡のなかに　母を見る。
手をつなぎ　互いに杖の　夫婦仲。
ハグされて　こわい私の　骨密度。
(以上、『シルバー川柳』より)。

(41)　老いてなお、ますます尽きぬ　好奇心。

好奇心　さらに高めよ　向上心。
向上心　さらに究めよ　考究心。
考究心　さらに続けよ　恒久化。

(42)　わが家に二つある掛け時計は、なぜか一つは早くなり、もう一つは遅くなる。「この家で正確な時計はどれ？」と聞かれたので答えた。「腹時計」。

(43)　春に行ってもあきの宮島。
夏が旬なのは冬瓜《とうがん》。
秋に描いても春画。
冬に行っても夏島貝塚。

(44)　ナビの嘆き　①この車の運転手さんは、私の指示に従ってくれない。指示とは違うところを曲がったりして、修正するのに大変。どうか私にナビいてちょうだい。
②こんなことがあったの。広大な北海道、車の主人が直線の道路をただひたすら何キロも走って用を終え、そのまままたおなじ道路で帰ってきた。私は何も仕事をすることができなかった。どうか私に仕事をさせてちょ

うだい。

(45) 面白い味
黄味　いつもきみのそばにいる味。
茶味　茶味(目)っ気たっぷりの味。
青味と苦味　青春の青くてほろ苦い味。
赤味　乙女のはじらう味。
白味と黒味　目を白黒させるときの味。

(46) お正月に道の曲がり角で待っているものって何?　答え　門松。
リカちゃんの後継者としてあとを継いだのは、誰もが「まさか?」と驚く日本昔話の主人公だった。誰だろう?　答え　金太郎(まさかリカついだ……)。

日光東照宮には「見ざる、聞かざる、言わざる」の有名な3匹の猿がいる。このなかで一番オシャレな猿は?　答え　聞かざる(着飾る)。

ハムがなる木って、どんな木?　答え　松。

(『セイワのなぞなぞ傑作選』より)

(47) ２０２３年３月におこなわれたワールド・ベースボール・クラシック（ＷＢＣ）で侍ジャパンが世界一に輝いた。大谷翔平《しょうへい》で始まり、大谷翔平で終わったといってよい。翔平が勝利を招聘《しょうへい》した。大谷を英語に直せばgreat valleyか。同年12月、ロサンゼルス・ドジャースと10年間１０１５億円（契約時の為替《かわせ》レート）で契約した。スポーツ史上最高額である。現在も大活躍。大谷はgreat value（偉大な価値）である。

(48) 上京してはじめての下宿生活。奥さんの言葉のていねいさに驚く。食卓で何にでも「お」をつける。おしんこ、おみおつけ、お塩、おさらなど。ある朝ならづけがでた。ならづけに「お」をつけるのか、聞き耳をたてたが……。

(49) 部長の家に夜、亭主とともに行かなければならなかった。ていねいな言葉づかいをしなければならないと思い、部長に会った奥さん。「夜分、申し訳ございません」というところ、「おやぶん、申し訳ございません」。

(50) 皿をていねいに数えたら面白いでしょうね。お一枚、お二枚、お三枚、そして最後に……オシマイ。

ユーモア50選もこれにてオシマイ。おつかれさまでした。

感じ入った10の言葉

以下は、私が感じ入った言葉です。新紙幣で肖像画が描かれている人たちの言葉が先にきているのは、私が現金《げんきん》な人間の証左。

（1）新1万円札の渋沢栄一（1840～1931年）「富をなす根源は何かといえば信義誠実。正しい道理の富でなければ、その富は完全に永続はできぬ」（渋沢栄一『論語と算盤《そろばん》』角川学芸出版、2008年より）。渋沢は「日本近代経済の父」のひとりといわれている。

（2）新5千円札の津田梅子（1864～1929年）「何かを始めることは優しいが、それを継続することは難しい。成功することはなお難しい」。津田は、1871年12月に実施された日本ではじめての米国女子留学生5人のひとり。6歳のときだった。津田塾大学の創始者で、「日本女子教育の先覚者」といわれている。

（3）新千円札の北里柴三郎（1853〜1931年）「研究だけをやっていてはだめだ。それをどうやって世の中で役にたてるかが大切だ」。北里は「近代日本医学の父」と呼ばれた世界的な微生物学者。

（4）「自分には自分に与えられた道がある。天与の尊い道がある。どんな道かは知らないが、ほかの人には歩めない。自分だけしか歩めない、二度と歩めぬかけがえのないこの道。他人の道に心をうばわれ、思案にくれて立ちすくんでいても、道はすこしもひらけない。道をひらくためには、まず歩まねばならぬ。たとえ遠い道のように思えても、休まず、歩む姿からは必ず新たな道がひらけてくる。深い喜びも生まれてくる」（松下幸之助〈1894〜1989年〉『道をひらく』（PHP研究所、1968年より）。松下は、パナソニック（旧松下電器産業）創始者、PHP研究所、松下政経塾創立者。「経営の神様」といわれている。

（5）「飛行機は飛び立つよりも着地がむずかしい。人生もおなじだよ」「進歩とは、反省の厳しさに比例する」「成功者は、たとえ不運な事態に見舞われても、この試練を乗り越えたら、かならず成功すると考えている。そして、最後まであきらめなかった人間が成功しているのである」（本田宗一郎＝輸送用機器メーカー本田技研工業〈通称・ホンダ〉創始者〈190

6―91年〉)。

＊ 私を含め、それぞれ専門領域が異なるメンバーにより、かつて東北方面の自衛隊を見学したときの団長が本田宗一郎社長だった。世界をリードする自動車会社の社長とは思えない身軽さと気さくさで、その人間性に深く感動したことが思い出される。

(6) 「いい? 〝一に愛嬌、二に理屈、三、四がなくてご陽気に〟なんていうトコかな。……本当におもしろいのは、その人のハートから出たコトバ。本当の文化はそういうもんだよ。ひとことで相手の心を打つようなもの。下らん学説をたくさんつめこんで並べたてるより、自分だけの意見を持って、それを、バチッとしゃべったらええねん」(田辺聖子〈1928〜2019年〉『上機嫌の才能』海竜社、2011年)。小説家、随筆家、2008年文化勲章受章、1966年に結婚(事実婚)、夫を「カモカのおっちゃん」と称し、ユーモアたっぷりの表現で笑いを届けた著述も。

(7) 「『九十といえば卒寿というんですか。まあ!(感きわまった感嘆詞)おめでとうございます。白寿を目ざしてどうか頑張って下さいませ』満面の笑みと共にそんな挨拶をされると、

『はあ……有難《ありがと》うございます……』これも浮世の義理、と思ってそう答えはするけれど内心は、『卒寿？ 何がめでてえ！』と思っている」（佐藤愛子「『九十歳。何がめでたい』（小学館、２０１６年）。93歳のときの出版。小説家、エッセイスト、直木賞、菊池寛賞、紫式部文学賞受賞など。

「お父ちゃんの『おう』（という返事）はわたしの幸福の源泉だった。幸福という言葉は知らなかったけれど、満ち足りた平穏というか、大きな力に守られている安心感のようなものがわたしを包むのだった。九十九歳になった今もあの『おう』は耳に蘇る。『おう』と答える時のお父ちゃんも、幼い、か弱い大切なものを守って海原を行く大舟であることの自信に満ちた幸福を味わっていたに違いない。幼いながらわたしはそれを感じていた」（佐藤愛子『思い出の屑籠《くずかご》』（中央公論新社、２０２３年）。

（８）Right makes might, but might does not make right.（正義は力をつくる、しかし力は正義をつくらない）。＊私は、おおいに賛同し、使っている。

（９）「世の中は、私たちが望むと望まざるとにかかわらず、絶えず『変化』を続けています。ですから、どうか、昨日までの『常識』を、常に疑ってください。そして、時代に応じて

『変化』することを恐れないでください」

「いかに困難と思える課題でも、諦めない強い『意志』があれば、必ず乗り越えることができる。行動を起こすのに、遅すぎるということはありません」（『若者が選んだ安倍晋三〈1954〜2022年〉100のことば』（幻冬舎、2024年）。

(10)「ユーモアについて書くのがたのしそうだと思ったのは錯覚であったことが、書きはじめてすぐわかった。おもしろそうに思えたのは、ひとごとだったからで、仕事となれば、話はまた別である。わかっていたように思ったユーモアはどこかへ姿を消してしまった」（外山滋比古《とやましげひこ》〈1923〜2020年〉『ユーモアのレッスン』（中公新書、2003年）。

＊ 同感、私もこれまで人前で気楽にジョーク、ギャグを使ってきたが、本にまとめるとなると大変この上なかった。

閉演のごあいさつ

『ユーモアの玉手箱』、いかがでしたか。私が憲法、比較憲法、防衛法制以外の本を出版したのは、初めてのことです。おそらく最初にして最後になるでしょう。

本書を出版した契機《けいき》は「閉演のごあいさつ」で述べたように、年月をかけて整理してあった多くのジョーク・ギャグのたぐいを埋もれたままにしておきたくないと思ったからです。それらが少しでも笑いを誘《さそ》うことができるのではないか、ギスギスした世の中に私なりのユーモアを提供することによって、憂《う》き世を浮き世にすることができるのではないか、そんな法外な夢をかなえたかったからです。

私がユーモア大好き人間であることは、比較的に広い範囲で知られています。先日、「ユーモアをしゃべるにはどうすればよいですか」と問われました。私の答えは、以下のとおり。「あなたがもっとしゃべればいいのです。ユー モア スピーク！」。

「最高の栄養素」としてのユーモアを育て、みんなで楽しんでいこうではありませんか。笑いを絶やさず、楽しい人生を過ごしていこうではありませんか。それが、世の中を明るく、和《なご》やかにする最高かつ最善の方法ではないかと思います。

最後に一言。「つくれ！　笑み筋　つくるな借金!!　ふやせ貯金！　へらすな体筋!!」

本書の刊行にあたり、私の師匠である桂右團治師匠には全体に目を通していただき、推薦の辞を賜りました。また右團治師匠の弟子仲間である長田衛《おさだまもる》氏には貴重な助言を、そして西ゼミOB・OG会長の横手逸男氏に忌憚のない意見を寄せていただきました。深謝申しあげます。

産経新聞出版には毛色《けいろ》の変わった著書を刊行していただき、編集部の山下徹《てつ》氏には一方ならぬ助力を得ました。ここに記して謝意を表させていただきます。

２０２４（令和６）年10月10日

西　修

装幀・組版　星島正明

西　修（にし おさむ）

駒澤大学名誉教授。1940（昭和15）年富山市生まれ。

早稲田大学政治経済学部政治学科卒業。同大学院政治学研究科修士課程修了、同博士課程単位取得満期退学。駒澤大学法学部教授を経て、2011年より同大学名誉教授。博士（政治学）、博士（法学）。

専攻は憲法学、比較憲法学。メリーランド大学、プリンストン大学（以上、米国）、東南アジア研究所（シンガポール）、エラスムス大学（オランダ）などで在外研究。

第一次・第二次安倍晋三内閣「安保法制懇」メンバー。第34回正論大賞受賞。著書に『憲法体系の類型的研究』『日本国憲法成立過程の研究』（以上、成文堂）、『憲法改正の論点』（文春新書）、『証言でつづる日本国憲法の成立経緯』（海竜社）、『憲法の正論』『吾輩は後期高齢者の日本国憲法である』（以上、産経新聞出版）、『憲法一代記』（育鵬社）など多数。

芸名：またも家楽大。早稲田大学落語研究会所属。2010年12月駒沢落語会実行委員会より名誉真打授与。

ユーモアの玉手箱
憲法学者のもうひとつの落語人生

令和6年10月10日　第1刷発行

著　　者　西　修
発 行 者　赤堀正卓
発行・発売　株式会社産経新聞出版
〒100-8077 東京都千代田区大手町1-7-2 産経新聞社8階
電話　03-3242-9930　ＦＡＸ　03-3243-0573
印刷・製本　株式会社シナノ
電話　03-5911-3355

ISBN978-4-86306-181-1 C0095